小さな会社の
新・集客戦略ガイド

成果を出している企業がやっている
魔法の4ステップPLMO
ブルーモ

舩守千博 著

セルバ出版

はじめに

本書は、自社にマーケティング部署があり、すでにバリバリやっている方には物足りないかもしれません。また、最新のＳＮＳ活用法やマーケティングツールの使い方を学ぶための本でもありません。

しかし集客をどうにかしたい、売上をあげたいという結果を求めて本書を手にとっている方であれば、この本書が最適なガイドになるでしょう。

多くの経営者の方にとっては、集客やマーケティングについて学びたいのではなく、結果を出したいというのが本音ではないでしょうか。

とはいえ、巷に溢れる最新のテクニックやツールを学んだとしても、それだけでは成果を出すことは難しいのが現実です。

成果を出すためには、ツールの使い方を学ぶ以前に、「誰に」「何を伝え」「どうやって集めるのか」「どう売るのか」、そして「それをどう最適化するのか」という根本的な要素を明確にする必要があるからです。

これらが曖昧なままだと、最新のツールをつかったとしても、いつの間にかツールに振り回されてしまうでしょう。

一方で、これらが明確になれば、経営者のあなた自身が細かなツールの使い方に精通している必要はありません。万が一、自社のリソースで対応できなくとも、あなたがブレインとして、結果にコミットしない作業だけの自称専門家たちを適切にコントロールしながら、結果を導き出すことも可能になるのです。

本書で紹介する「PLMO（プルーモ）」は、結果を出したいという考え方を形にするために設計されています。

また、複雑でとっつきにくい横文字のマーケティング用語は覚えたとしても結果につながらないので、本書のメインテーマである「PLMO」以外にできる限り排除（便宜上使っている箇所もあります）し、シンプルで実践的な内容に徹したつもりです。

　それでもわかりにくい箇所があるかもしれませんが、実践しながら読んでいくことで「あ〜そういうことね」と腑に落ちてくるのではないかと思います。実践が結果を引き寄せます。

　是非、最後までお付き合いください。

2025 年 2 月

舩守　千博

小さな会社の新・集客戦略ガイド〜成果を出している企業がやっている魔法の4ステップPLMO（プルーモ）　目次

はじめに

プロローグ　なぜ集客が必要だとわかっていて　　　　　　　　何もできないのか？

1　他社の成功を自社の成功と履き違えさせる
　　ネット情報の罠　10
2　よい商品・サービスがあるのに見向きもされないのは
　　なぜか？　12
3　顧客視点で点から全体を見る　13
4　集客の本質とその重要性　14
5　成果を出している会社がやっている魔法の4ステップ「PLMO」
　　とは　16
6　集客は思っているよりも難しくない　20

第1章　自社にとっての集客とは何か

1　ＳＮＳを使うだけでは集客は難しい　22
2　「集客していない」は「ビジネスしていない」と変わらない　23
3　集客が課題と言いながら集客をしていない現実　24
4　最新のＳＮＳ・集客ツールに飛びつくな！　26
5　少しでも売れる商品をもっと売るための集客活動　28
6　ビジネス規模ごとに最適は変わる　30
7　デジタル化・ＤＸ・ＡＩの以前の問題！　32

第2章　集客の失敗リスクを下げる目標設定

1　集客できない企業の8割は目標を決めていない　36
2　情熱は集客の最適化を継続させるガソリン　40
3　現実的かつ挑戦的な目標のバランス　41
4　数値ベースの集客目標を設定する　43
5　5つの質問で目標を磨き上げる　46
6　集客を目標達成の超強力な武器にする　49
7　目標達成にはレビューが欠かせない　52

第3章　計画を立てる
「魔法のステップ①：Plan（計画）」

1　計画を立て目標を現実に近づける　58
2　理想のお客様を特定する　62
3　お客様にとって超・魅力的な自社の見え方を考える　67
4　ニッチを見つければ競合会社と戦わずに一人勝ち　74
5　うまくいっているライバルの穴を見つける　79
6　お客様を惹き寄せる集客メッセージ　88
7　自社のことを知らない状態からお客様になるまでのステップの
　　描き方　96

第4章　集客プロジェクトを立ち上げる
「魔法のステップ②：LAUNCH（立ち上げ）前半」

1　自社だけでやることにこだわると集客はハードになる　104

2　顧客視点でネットとリアルでハイブリッドに考える　108

3　「触れる」、「伝える」、「売る」の３ステップで新規客の感情を
　　捉える　113

4　狙っている感情、行動から逆算して
　　集客コンテンツを配置する　118

5　点と点をつなげる　123

6　点を実現するすべての作業をリストアップ　125

7　必要なものを準備する　127

第５章　いざ！　効果的な集客戦略
　　　　「魔法のステップ②：LAUNCH（立ち上げ）後半」

1　なぜ役割、目標、振る舞いが重要なのか？　130

2　集客コンテンツの役割を決める　132

3　集客コンテンツの目標を決める　133

4　集客コンテンツの振る舞いを決める　135

5　マップ BtoC: ネットとリアルの複合パターン　137

6　BtoB 向けマップ：ネットとリアルの複合パターン　139

7　うまくいっている企業を手本にして、１マイクロ秒よりも早く
　　市場に出す　141

第６章　お客様になるまでのステップを計測する
　　　　「魔法のステップ③：MEASURE（計測）」

1　発売だけで満足した経営者は 100％失敗する　146

2　目的にもとづいて何を計測するか決めよう　147

3　段階ごとの計測で無敵になる　148

4　計測レベル①で全体把握、計測レベル②で深掘り！　151
5　計測レベル③ではどういった人が反応しているのか　152
6　一番貢献している媒体を見つける　157

第7章　本番はここから。最適化こそ成功への道 「魔法のステップ④：OPTIMIZE（最適化）」

1　計画通りに進んでいる？　それとも見直しが必要か？　158
2　撤退する期間を決める　159
3　最低3か月は情報を集めよう　160
4　ゴールに一番近いところから最適化する　161
5　テスト！　テスト！　テスト！　163
6　最適化の手順　165
7　最適化に終わりはない！　常に目標を意識し、それに向かって
　　進んでいくだけ　169
8　PLMOで再起を果たしたB2B　A社の事例　170

あとがき

プロローグ

なぜ集客が必要だとわかっていて何もできないのか？

1　他社の成功を自社の成功と履き違えさせるネット情報の罠

ネット上の成功事例の氾濫

昨今では、インターネットを使えば簡単に他社の成功事例にアクセスできます。SNS やブログ、ビジネス関連の Web サイトには、成功を収めた企業のキラキラしたストーリーが溢れているからです。

しかし、それらの情報には大きな落とし穴があるのを知っていますか？　多くの企業は他社のキラキラした成功事例を見て、自社にも同じような成功が簡単に手に入ると誤解してしまうのです。

たとえば、ネットで見つけた「ツールやノウハウを使ってラクして簡単に集客できました！」という競合他社の成功事例に飛びつき、一生懸命取り組んだものの、思ったような成果が得られず、次第にモチベーションを失ってしまったことはありませんか？

事業が厳しい状況だと怪しいとわかりつつも手を出してしまうのが人の性です。集客活動に対して情熱を持って始めたのに、うまくいっているかどうかわからない状況が続き、ついには何も手をつけなくなってしまって今に至るという始末です。

集客は必要だとわかっているけれども、何もできない状態とはまさにこのことを言います。

これは、多くの小さな会社の経営者さんが陥る現実です。

私は企業のマーケティングを支援させていただいていますが、実は私自身も高級車 1 台購入できるぐらいの金額と大量の時間をツールやノウハウに費やしてしまった経験があります……（奥さんには内緒）。

プロローグ　なぜ集客が必要だとわかっていて何もできないのか？

ただ真似しても成功できない理由

　よく参考にされる他社の成功事例は、他社の経営環境下という特定の環境や条件下で達成されたものであり、必ずしも自社に適用できるわけではありません。

　大企業が大規模な広告キャンペーンを行って成功したとしても、同じ手法が中小企業に効果的であるとは限らないのです。そもそもの資金や人材、知識、経験などのリソースや市場の状況、顧客の特性など、さまざまな要因が異なるためです。

　また、ネット上の情報は成功の側面のみを強調する傾向があります。成功事例は、往々にして美化され（マーケティングが上手な企業は特に！）、実際の苦労や失敗は隠されていることが多いので注意が必要です。

　このため、表面的な情報だけを鵜呑みにすると、現実とのギャップに苦しむことになります。

現状を分析して必要なことを特定すること

　では、どうすればよいのでしょうか？

　楽して簡単集客ツールやノウハウに頼ることに比べれば一見遠回りにも見えますが、重要なのは、現状をしっかりと分析し、今現在必要なものを特定することです。

　そして自分から必要な情報を意図的に取りに行き、戦略的に計画を立てることが一番の近道です。

　他社の成功事例を参考する際には、その背後にある戦略やステップを理解し、自社の状況に合わせてカスタマイズすることです。

　一見、苦もなく成功したように見える成長企業の背後には、数え切れないほど多くの試行錯誤や努力が隠されていることを忘れてはなりません。

11

2　よい商品・サービスがあるのに見向きも されないのはなぜか？

自社が取り扱う商品やサービスに自信がありますか？

　もちろん、「はい！」と答えるでしょう。しかし、集客がうまくいっ ていなかったり、売上がよくなかったりという問題を抱えているか もしれません。

　それは言ってしまえば、見込客にはよい商品・サービスの価値が 伝わっていないのです。この『価値』を適切に伝えることさえでき れば、一気に壁を突破できます。

　現代では、商品やサービスが素晴らしいのは当たり前です。では、 そこで自社を選んでもらうにはどうしたらいいのでしょうか。

　あなたは家や車を買ったことがありますか？　また他の高額な商 品を購入したことはありますか？　あれば、そのときのことを思い 出してください。なぜあなたはその商品を購入したのでしょうか？

　私が家を購入したときの決め手は営業担当者でした。もちろん、 家の品質も当時の私にとっては最高でしたが、間取りや資金繰りに ついて質問があれば、たとえ夜遅くであっても、すぐにショートメッ セージで対応してくれました。今考えれば、非常に面倒くさいお客 だったのではないかと（笑）。

　うちには愛する2人の息子と娘がいるのですが、長女はなんとか 歩けるようになったお年頃で、打ち合わせの際には、話に集中でき るように、他の営業さんと一丸となって子どもの相手をよくしてく れましたものです。

　しかも保育士さんかのように子どもの扱いに手慣れている！　私 たち夫婦はその営業担当のTさんを厚く信頼するようになりまし

た。もし他の営業担当者だったならば、購入まで至らなかったでしょう。このTさんの振る舞いが商品やサービスの価値を高め、「ここで買おう」と決断させたのです。

このように、特に今日では「誰から買うか」が重要になっています。そして最終的な決め手になるのは、その人に対する信頼です。

小さな会社が商品やサービスだけで価値を伝えようとしても限界があります。他社と同じような商品やサービスの情報を伝えても、見込客にとっては「ああ、これ前も見たわ。同じやつね」と言われてスルーされてしまいます。

商品やサービスだけでなく、あなた自身や会社の魅力も伝えることで、見込客の目に留まり、信頼へとつながります。

そして、ゆくゆくは集客や販売へと結びついていきます。たとえ、商品やサービスが似ている場合でも、あなたやあなたの会社と全く同じものは存在しないのですから。

3　顧客視点で点から全体を見る

集客を「仕組み」として捉える

よい商品・サービスがあるからと言って、SNSなどでとりあえず情報発信すればなんとかなると思っている方が多いですが、情報発信だけでは見込客との関係を築くには不十分です。

見込客が自社のことを知ってから購入し、さらにリピートや口コミに至るまでの全体のフローと、お客様とどこで接点を持っているのかを把握できなければ、関係を築くための効果的な営業施策を打つことはできません。

そのためには、集客を「仕組み」として捉えましょう。見込客があなたのことを知らない段階から口コミしてくれるような顧客に変

えるための全体の仕組みを構築して、それに基づいて営業戦略を立てるべきです。

ツールはあくまでツール

最新の集客ツールを使えば、簡単にお客様が集まるかもしれないという期待を寄せがちですが、集客の「仕組み」全体から見れば、それらはただの一部、つまり点に過ぎません。

ですから、ツールだけで結果を出すのは非常に難しいのです。お客様視点で、見込客が自社のことを知らない段階から口コミをしてくれるような顧客になるまでのステップを見たとき、そのツールがどのように見込客を顧客に変え、顧客をリピーターに変えるのか、どのようなインパクトを与えるのか、確認が必要です。

自社のビジネスにとって Instagram が適しているのか、Facebook がよいのか、あるいは見込客獲得には LINE 広告が有効なのか。ツールの検討をする前に、まずは集客効果を最大化するための戦略の立て方を習得していきましょう。

4 集客の本質とその重要性

長期的な関係を築く

極論ですが、人を集めるのは「お金をあげる」と言えば簡単にできるでしょう。しかし、お金で集まった人たちは、お金を与え続けなければ関係を維持することはできません。お金で釣られた人たちは、お金の支給をやめた途端に去っていってしまうでしょう。

集客とは、商品やサービスを購入するだけでなく、将来リピートしてくれたり、口コミをしてくれたりする可能性がある人を集めることです。

ビジネスの安定を考えると、一時的ではなく長期的な関係を築くことが重要です。

しかし、どんなに努力して集めたお客様も、ずっと居続けてくれるとは限りません。去っていくのも自由ですし、自社で縛ることはできません。

そのため、集客を怠り、現在の顧客リストだけに頼っていると、いつのまにかお客様がいなくなり、売上が0になり、倒産してしまうということもよくある話です。

東京商工リサーチによると、事業倒産の主な原因の1つが「販売不振」です。それはお客様を集めることができていないということです。

思い返してみれば、リピーターや口コミをしてくれる人も最初は新規客です。当たり前のことかもしれませんが、目の前のお客様対応ばかりしているとつい忘れてしまうのです。

リピーターや口コミをしてくれる人が欲しいなら、どのような人がリピートしてくれて、口コミや紹介をしてくれるのか、彼らの共通点を見つけて理想のお客様像をつくり、新規客を集め続けなければなりません。

そのためにも、一度きりで終わってしまう集客プロジェクトではなく、会社の仕組みとして常に新規集客を行うプロセスが必要です。

売上の要素は「顧客数×客単価×購入頻度」です。

顧客数が0なら売上は上がりません。

客単価や購入頻度を上げるには、今よりもさらに満足してもらえるような商品・サービスを提供しなければ、顧客からは不満がでるでしょうし、リピートにもつながりません。

売上を上げるためには、新規客を集めて販売し、そのフィードバックから商品・サービスを改善する流れをつくりましょう。その努力

の結果、単価も上げることができ、リピートにもつながり、口コミや紹介によって新規客も増えるというよい循環が生まれるのです。

5 成果を出している会社がやっている 魔法の4ステップ「PLMO」とは

計画・立ち上げ・計測・最適化の4ステップで集客！

楽して簡単に集客ができるという詐欺まがいのツールや一過性のノウハウに頼ることなく、自社の状況に応じた戦略を立て、集客を仕組み化し、顧客と長期的な関係を築くための方法とも言えるのが本書で紹介する魔法の4ステップ「PLMO」です。プルーモと読みます。

PLMOは計画する「Plan」の「P」、立ち上げて販売する「Launch」の「L」、計測する「Measure」の「M」、最適化する「Optimize」の「O」を合わせたものです。

プルーモは、私が所属する海外のマーケティングエキスパートたちが集うコミュニティーで習得した内容を実践し、日本市場向けにでカスタマイズしたものです。

PLMO とは

極端に聞こえるかもしれませんが、みなさんがご存知の大企業はすべて PLMO を使っています。もちろん意図的に PLMO として使っているわけではありませんが、「計画をして、販売して、計測して、最適化する」という一見当たり前のようなステップが企業に成長をもたらすのです。

たとえば、あるフィットネス系の企業がカロリーや栄養素を計算するためのツールを提供していました。この企業は月に40万人以

上の訪問者を獲得していましたが、主な収益源である商品は月に約50個（1個あたり5000円）しか販売できていませんでした。40万人の訪問者がいるのにです！　しかし、PLMOを導入したことで大きな改善が見られたのです。そのプロセスを紹介します。

○ Plan（計画）

理想のお客様と競合会社の徹底的な調査を行い、ニーズを特定。

○ Launch（販売）

サイトの訪問者のメールアドレスを収集しやすいレイアウトに改修し、集客活動を開始。

○ Measure（計測）

サイト訪問者の行動データを集め、訪問した人のうちの何人がメールアドレスを入力したかなどを測定。

○ Optimize（最適化）

これらのデータに基づいてサイトの継続的な改善を行い、使いやすさを向上。具体的には、名前やユーザー名、パスワードなどの入力欄を撤廃し、メールアドレスのみの取得に変更しました。

その結果、見込客のメールアドレスの収集数が劇的に増加し、1000件から4000件に急増しました。しかも最適化を実施したその日にです。要するに見込客の数が一晩で1000件から4000件に増加したということです。決して簡単ではないステップですが、堅実な魔法と言えます。

PDCAとの違い

PLMOと聞いてなんだかPDCAサイクルと似ているなと思われたかもしれません。

PDCAは、プロセスの継続的な改善に焦点を当てていますので、マーケティングや集客に使うには次のような課題があります。

なお、PLAN（計画）に関してはPDCAと変わりありませんので、相違があるDoから説明していきます。

○ Do（実行）

実行するだけで満足してしまい、見込客に自社のメッセージが伝わっていないケースが多いです。実行したことを見込客やお客様に発信していないのです。ビジネスではお客様に知られなければやっていないことと変わりありません。PLMOではLaunch（立ち上げ）して市場に発信することを重視します。

○ Check（評価）と Measure（計測）

PDCAの「Check（評価）」は過去の結果を振り返って評価するのに対し、PLMOの「Measure（計測）」はリアルタイムでデータを収集し、分析・対応することを重きに置きます。これにより、キャンペーン中でも迅速に計画を修正し、効果を最大化することが可能になります。目まぐるしくトレンドが変わる今日において、このスピード感なしではお客様は競合会社に流れていくだけです。

この「Measure」のアプローチは、現在進行形で効果を最適化するため、特に小さな会社にとって非常に強力な武器となります。意思決定に時間がかかり小回りがしづらい大企業よりも優位に立つための秘訣です。

○ Act（改善）と Optimize（最適化）

PDCAの「Act（改善）」は評価の結果を元に次の計画に反映させることを重視しますが、このアプローチは次のサイクルまで待つ必要があり、リアルタイムでの対応が難しいことが多いです。

対して、PLMOの「Optimize（最適化）」はデータに基づき、継続的かつ即時に改善を行うことを重視します。これにより、キャンペーン中に発見した改善点をすぐに修正し、効果を最大化することができるのです。

【図表1　PDCA と PLMO の比較】

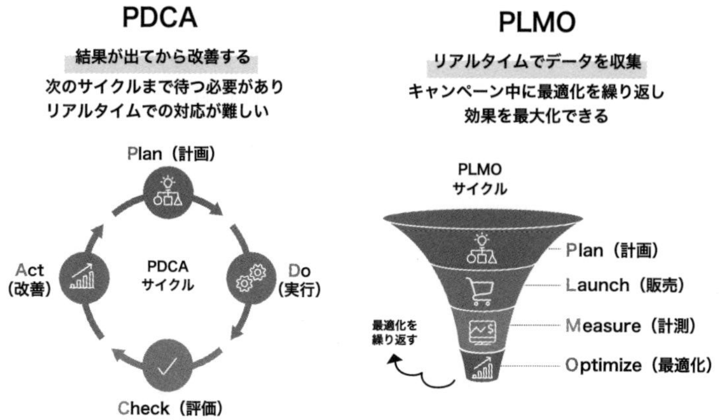

たとえば、ある会社は「Optimize」として訪問者の行動データをリアルタイムで分析し、キャンペーン中であっても柔軟にウェブサイトのデザインや文章を変更し、迅速に最適化しました。この結果、訪問者がサイトに滞在する時間が大幅に増え、売上増加につながったのです。

図表1は PDCA と PLMO の各ステップの特徴を対比、図解したものです。

PLMO の最も重要なステップ

新規事業でも新しいキャンペーンでも、何かを初めて行う場合は最初からうまくいくことのほうが珍しいです。そのうまくいかなかった結果から改善を繰り返し、目標を達成していきます。

実行だけで満足してしまい、誰にも知られず消えていったプロジェクトはどれくらいあるのでしょうか。

この PLMO の最も重要ともいえるのが、計画でも、販売でも、

計測でもなく「Optimize」の「最適化」です。もちろん4つとも重要なのですが、どれか1つ選ぶとすれば最適化です。なぜなら、この最適化を継続し続けていれば、何かしら結果を出せるからです。

　しかし、多くの方が最適化をせず、そのまま同じことを繰り返しています。自社のビジネスに最適化というプロセスを取り入れるだけでも、他社よりも優位になり、よい結果がもたらされるのは言うまでもありません。

　これから一緒に魔法の4ステップであるPLMOを着実に踏んでいきましょう。

6　集客は思っているよりも難しくない

PLMOで集客をシンプルに

　多くの人が集客を難しいと感じるのは、何から始めればいいのか、どう進めればいいのかわからないからです。また、どの情報が自分たちに最適なのかもわからず、混乱してしまうことも多いでしょう。

　しかし、本書で紹介するPLMO（プルーモ）の型に沿って実施すれば、自分のビジネスの集客にとって何が必要なのか、どう進めればよいのかが明確になります。これにより、あなたが思っているよりも簡単に集客を実現できるようになります。

　これまで、一発逆転を狙って、情報の洪水からよさそうなものに飛びついては試して、失敗し、お金と時間を無駄にしてきたかもしれません。しかし、それもこれで終わりです。

　本書を通じて、自社の集客に何が必要なのか、何をすればいいのかが明確になり、自ら情報を取りに行くことができれば、目の前が新しいお客様でいっぱいで溢れ返ることも夢ではありません。

　さあ、魔法の4ステップへの扉を開きましょう。

第1章

自社にとっての
集客とは何か？

1 SNS を使うだけでは集客は難しい

なぜ SNS を頼るだけでは不十分なのか？

　弊社では経営者向けに毎月、集客やマーケティング戦略の勉強会を開催していますが、多くの方が SNS を使って集客ができないという悩みを抱えています。SNS を使うこと自体が目的になってしまっているようです。この状態に陥ると、SNS 以外の媒体のほうが効果的にお客様を集められるという事実に気づくことは難しくなります。

　確かに、SNS は効率的に見込客や競合会社の情報にアクセスでき、見込客との接点を持つことができる便利なツールです。しかし、集客のすべてを SNS で完結させようとするのは危険です。

　なぜなら、集客とは見込客に知ってもらい、好きになってもらい、信頼してもらい、感情を動かして行動につなげることだからです。

　そのためのツールの 1 つが SNS なのです。そもそも見込客があなたの使っている SNS にいなければ、その集客活動はまったく意味がありません。

　事実、何年も頑張って毎日投稿し、フォロワーが 1 万人まで増えたけれど、お客様 0、売上 0 という方もいます。これはフォロワーが将来のお客様（見込客）ではないことを示しています。集客の本質を理解していないと、誰もがこの落とし穴にハマります。

　逆に、SNS を集客活動の一部として捉えることができれば、他の可能性を潰すことなく、効果的な集客が可能です。

　鳥取にあるジェラート屋さんの事例を紹介します。このお店には、町の人口の約 7 倍である、7 万人が訪れます。

　実際にお店を偵察してわかったのですが、彼らは SNS だけに頼

らず、毎週さまざまなイベントに出たり、テレビなど多くの媒体を駆使したりして知ってもらい、好きになってもらい、信頼してもらうことに注力しています。

この多面的なアプローチが成功のカギなのです。

このように、SNSだけに頼らず、多様な媒体を組み合わせて、見込客に行動を起こさせるための本質的な集客活動を行うことが、成果に直結します。

人が欲しいと思ったときが最適な購買タイミング。その欲しいと思ったときに自社の商品やサービスがその人の頭の中に浮かぶようにするために、さまざまな媒体と連携し、忘れられないように出続けることが重要です。

2 「集客していない」は
　　「ビジネスしていない」と変わらない

安定を感じた瞬間、集客は止まる

ビジネスが安定してくると、何もしなくてもお客様が来ると思い込み、サービス提供に集中してしまい、集客活動をおろそかにしがちです。しかし、気がつくと新規の集客が止まり、既存客だけが頼りになってしまいます。既存客もずっと居続けるわけではなく、時間が経つにつれて徐々に減っていくものです。

ある老舗企業も、同じような状況に陥っていました。顧客リストは膨大に持っているものの、新規顧客の獲得がほとんどなく、リピーターにだけ頼っていたのです。しかし、コロナ禍で客足が遠のき、売上も低下していきました。

こうした状況になって初めて、新規顧客がいないことの深刻さに気づいたのです。新規顧客を獲得するコストは既存客をもう一度リ

ピートさせるコストの5倍にもなると言われています。資金繰りが厳しくなり、なんとか毎日をやりくりする日々が続きました。

顧客リストにアプローチしても、反応は限られており、雀の涙ほどの売上しか得られませんでしたが、PLMOを元に集客活動を改善することで業績も回復していきました。

また、コロナ禍の際に、従来のやり方に固執して顧客の動きに合わせてオンライン集客に転換できなかった企業も多くの顧客を失いました。中にはネットショップを立ち上げた企業もありましたが、それを「魔法の箱」と考え、何もしなくても自動的に売上が上がると誤解していたのです。これには、そういった幻想を与えたマーケティング業者の影響もありましたが、現実は異なります。

実際には、立ち上げたネットショップに顧客を呼び込むための集客活動が必要だったのです。

ビジネスとは顧客を創造すること

既存客は永遠に居続くわけではありません。お客様が減れば、売上も減少します。したがって、ビジネスを維持するためには、既存客を維持しつつ、新規顧客を増やし続ける必要があります。

経営の神様と言われているドラッカーが言うように、「ビジネスとは顧客を創造すること」であり、ただなんとなくではなく意図的に新規顧客を増やす継続的な活動が、小さな企業にとっては生命線となります。

3 集客が課題と言いながら集客をしていない現実

新規顧客を取り逃がす投稿の落とし穴

毎日毎日SNSやブログの投稿をしてもお客様が一向に来ない。

もしそうなら、一旦立ち止まって自分に問いかけてほしいのです。今、来ているお客様やリピーターの方は、あなたが一生懸命時間をかけて投稿しているSNSやブログをきっかけに来てくれたのでしょうか？　どんなに素晴らしい商品やサービスを提供していても、それが見込客に届いていなければ意味がありません。

　今、あなたが使っているSNSやブログには本当にお客様がいるのでしょうか？

　誰もがSNSを利用している時代です。そのため、集客をするならとSNSに手を出してしまうことが多いのですが、そこにお客様がいなければ、反応が得られないのは当然です。

　実際に、時間をかけても効果がないと相談された方がいました。その方は、SNSが集客につながっていないとわかっていながらも、既存のお客様が見てくれているからやめられないと言います。

　しかし、新規顧客を引き寄せる投稿と既存のお客様を喜ばせる投稿は、全く異なるものです。既存のお客様を喜ばせるような投稿をしても、新規顧客にとっては関係のないものに映ってしまいます。まるで、内輪だけで盛り上がっているような印象を与えてしまうのです。

　そうならないためには、まず今来ているお客様やリピーターの方が、どこで集まっているのか、どこで情報を得ているのかを確認する必要があります。本当にInstagramやFacebook、TikTokで情報を得ているか確認しましょう。

　また、SNSに限らず、地域のイベントや地域密着型のメディア、彼らが訪れる場所での集客活動も効果的です。

　現在のお客様の共通の行動パターンを見つけることができれば、それに基づいて集客アプローチを行うことで、より効果的な結果が期待できます。

これを実現するためには、今来ているお客様に直接聞いてみるのが一番です。鉄板の質問ですが、「どこで自社を知ったのか？」、「来店や購入の最大のきっかけや決め手は何だったのか？」と訊くことで、あなたの集客戦略を強化するための貴重な情報を集めることができます。その情報を活用すれば、競合会社を押しのけて、さらに多くのお客様を集めることができるでしょう。

4　最新の SNS・集客ツールに飛びつくな！

賢い集客ツールの選び方

次々と登場する新しい SNS や「集客ができる」と謳うツール。ビジネスをしていると、新しいものに対してつい反応してしまいがちです。

「このツールを使えば、集客が自動で簡単にできるようになる」と聞いたことはありませんか？

あるサービス業を営むＹさんは、新しく事業を展開したいと考えていましたが、Web からの集客方法がわからず困っていました。

いろいろと探しているうちに、Ｙさんは「このツールを使えばWeb から勝手にお客様が集まってくる」と謳う集客ツールを見つけました。しかもコンサルタントつきで、補助金も使えるということで、Ｙさんは補助金を活用してツールを導入しました。

しかし、半年が経過しても、そのツールから自動的にお客様は集まることはありませんでした。

確かに、そのツールで集客に成功した事例はあるようです。しかし、コンサルタントがついているということは、ツールだけで集客ができないことを前提としているのです。つまり、そのツールはＹさんには適していなかったということです。

第1章　自社にとっての集客とは何か？

　ビジネスの状況によっては、そのツールが大きな効果を発揮し、集客を成功させることもあるでしょう。

　そもそも、Yさんは Web 集客やマーケティングについての知識がほとんどなく、実際にやってみた経験もありませんでした。せいぜい Instagram に投稿するくらいでした。

　自分のビジネスの状況を理解していないと、新しいものに手を出しても効果は得られず、単なる消費で終わります。ビジネスにおいては、消費を投資に変えなければならないのです。

　新しいツールに手を出す前に、次の質問を自分に投げかけてみてください。

・どれくらいのお客様を集め売上を上げられるのか？
・使おうとしている SNS や集客ツールを使って、どれくらいのお客様を集め、売上を上げられるのか？
・そのツールを使いこなすために費やす時間と費用以上に、結果を出せるのか？

　このツールは自社の目標達成にどのように役立つのか？

　これらの質問に答えることで、そのツールが今のあなたに本当に必要かどうかが見えてくるはずです。

　SNS やツールだけでなく、これはあなたが学ぼうとしていることにも当てはまります。新しい手法を学んでも、今のビジネスに役立たなければ意味がありません。そして、その手法を活用できるようになる頃には、すでにその手法が古くなっている可能性もあるでしょう。

　それだけに現状をしっかり把握し、目標に向かう道筋を明確にすることで、今まさに必要なものを学び、それを活用できる状態をつくることが重要です。このやり方については、後の章で詳しく解説します。

27

5 少しでも売れる商品を
もっと売るための集客活動

成功するビジネスは、まず『売れるもの』を磨き上げる

　先程述べた新しい SNS やツール以外にも、集客における落とし穴があります。それは、新しい商品、サービス、市場に飛びつくことです。

　たとえば BtoB のビジネスで代理店経由でも、そこそこ売れていたサービスがありました。そこで「BtoC でも売れるだろう。しかも自分たちで売ったらもっと儲かるはずだ」と考え、数百万円のマーケティング費用をかけて消費者向けにインターネットを使って販売しました。しかし、BtoB では年間数千万円規模で売れていた商品が、BtoC に切り替えた途端、1 円にもならなくなったのです。

　一方で、今まで対面で売れていた商品やサービスを、お客様層を変えずにそのまま Web で展開したコンサル業のケースがあります。この場合、過去の販売実績があり、売れる商品だったため、お客様が集まり、サービスも売れて、比較的簡単に売上を伸ばすことができました。

　この違いはなぜ生じたのでしょうか。前者の場合、代理店経由で売っていたため、実際のお客様は代理店でした。そのため、代理店を通り越して直接お客様にアプローチしようとしても、お客様のニーズや現実を把握していなかったため、売れなかったのです。

　しかも、これまで直接お客様に売った経験がなく、代理店がどのような市場にアプローチしていたかも知らなかったため、実質的には 0 からの開拓となり、結果として全く売れないという残念な結果になりました。

第1章　自社にとっての集客とは何か？

　どうしても新しい商品やサービスについて、アプローチする市場を今までと変えたいのであれば、大きな投資を行う前に売れるかどうかを小さくテストするのが賢明です。

　あなたのビジネスの状況によってどのような行動をとるのがよいかはもちろん変わってきます。

　今すぐにでもお客様を集め、売上を上げる必要がある場合は、自社の商品やサービスの中で既に売れているものに注力すべきです。

　一方で、ビジネスがある程度安定していて、売上が横ばいであれば、新しい商品やサービス、市場にアプローチすることも有効です。

　ただし、その場合でも大きく出る前に小さくテストすることをおすすめします。

　そのためにも、自分たちの商品やサービスにじっくり向き合って今の市場が求めている商品の強みや魅力はないか探してみましょう。

　たとえ今売れなくなっていても、商品やサービス自体は変えずに、切り口や見せ方を変えるだけで一気に状況が好転するかもしれません。

見せ方を変えただけで売上 100 倍

　たとえば、キンレイの「お水がいらない鍋焼きうどん」は、2005 年に発売され、当初はアルミに入った冷凍うどんとして提供されていました。しかし、エコでないという問題や、食卓に並べることへの抵抗感から、商品としての認知度や売上に課題がありました。

　そこで、商品名を「料亭の匠」から「おうちで簡単！鍋焼うどん」、最終的には「お水がいらない鍋焼きうどん」に変更しました。

　このネーミング変更により、鍋でつくる際に水が不要という新し

29

い発想が消費者に受け入れられ、商品の価値が再評価されました。商品自体はほとんど変えず、売上が100倍に増え、年間100万食を販売するヒット商品に成長したのです。

マーケティングにおいては、0を1にするのは最も困難であり、1を3に、3を10にと拡大していくほうがまだ容易です。これは経営者なら誰もが実感していることでしょう。

したがって、小さな会社が結果を出すためには、新しいことに挑戦するのではなく、売れる商品をもっと売るためにリソースを注力するのが絶対有利です。

これが少ない労力で最大のリターンを得るための秘訣の1つです。売れる、売れた商品をさらに売る活動こそが、小さな会社が行うべきマーケティング活動の本質なのです。

6　ビジネス規模ごとに最適は変わる

飛び級の危険性—有名企業の真似があなたを遠回りさせる

あなたは、有名企業のやり方を見て、「よし！　真似してみよう」と思ったことはありませんか？　実際には、その企業が本当にうまくいっているかどうかはわからなくても、たくさんのお客様が並んでいたり、殺到していたりすると、非常に魅力的に見えますよね。

しかし、もしあなたがまだ事業を立ち上げたばかりで、そのうまくいっている企業がすでに多くの人々に認知されているブランドであれば、そのまま真似しても同じような成果を得ることは困難です。

なぜなら、そのブランドは、すでに市場で認知され、多くの人々がその商品やサービスに触れており、すでに確固たる信頼を築いている状態だからです。

これに対して、誰にも知られておらず、信頼もないあなたが同じ

やり方をしても、成功するのは難しいでしょう。これは、成功に必要な信頼が不足している状態では、その方法を真似しても効果を発揮できないからです。

　確かに、うまくいっている競合会社のやり方を模倣するのは効果的かもしれません。しかし、本書でも推奨している方法ですが、手本とする相手の規模を見誤ると、近道をしたつもりが、実は遠回りになってしまうことがあります。

　たとえば、近所にある大手のお店がディスカウントセールを行っているのを見て、「自分たちもやろう」と真似してみた結果、全然利益が出ないということがあります。

　一方、大企業は大量に商品を仕入れることができるため、その分安く仕入れることができ、ディスカウントしても十分利益を残すことができるのです。

　ですから、表面的な部分を真似しても、うまくいきません。

　このような罠に引っかからないためにはどうすればいいのでしょうか？　その答えは、売上規模ごとに戦略を変えることです。

売上規模ごとのステージ戦略

　企業には、年商ごとに次のようなステージがあります。

⑴年商0〜1億円未満：ステージ①

⑵年商1億円〜10億円未満：ステージ②

⑶年商10億円〜50億円未満：ステージ③

⑷年商50億円〜100億円以上：ステージ④

　それぞれの年商ステージには、特有の問題と取り組むべき課題が存在します。私のクライアントには、年商2〜3億円の企業が多く、この規模でどのように結果を出すかについては心得ています。

　日本にある卸売業・小売業の72.4％以上が年商1億円未満とい

うデータもあり、ほとんどの会社が年商ステージ①（31頁）に属していると考えられます。本書を読まれている方も、おそらく年商ステージ①に該当するのではないでしょうか。

　年商ステージ①の主な問題は、「行き当たりばったりで自分が何をしているのかわからない」ということです。そして、「意図を持って売上を立て、利益を出すこと」が課題となり、その課題をクリアするには、最低限の数のお客様を確保し、自社のビジネスを軌道に乗せる最適な販売戦略を見つけることに取り組まねばなりません。

　これは言い換えると、「勝ちパターン」の発見とも言えます。

　とにかく、年商ステージ①では綺麗ごとを言っている暇はなく、まずはお客様を集めるための集客、売上を上げるためのセールスに集中しなければなりません。

　自社がどの年商ステージにいるかを把握していますか？

　同じ年商ステージでうまくいっている競合会社の戦略を手本にして販売戦略を立て、迅速に実行に移す。それを繰り返し最適化することで、勝ちパターンが見えてきます。

7　デジタル化・DX・AI の以前の問題！

まずはシンプルにマーケティングする

　日本政府は、他国よりも遅れているという強い危機感から、デジタル化の導入を強く推奨しています。その第一歩がデジタル庁の設立です。経済産業省から出されている「DX レポート」では、デジタル化が進まなければ 2025 年以降に年間最大 12 兆円の経済損失が生じる可能性が指摘されています。

　このように、国がデジタル化・DX・AI の導入を推進するのは理解できます（出典：経済産業省（2023）『DX レポート』、https://

www.meti.go.jp/report/dx.html）。

　さらに、これらの技術導入に関連する補助金や助成金が多く提供されており、経営者の中には「デジタル化・DX・AI を取り入れなければ」となんとなく考えている方が少なくないようです。

　しかし、こうした技術導入が目的化してしまい、本来年商ステージ①の会社が最も力を入れるべき集客とセールスが疎かになっている会社が溢れているのが現状です。

　ある会社を支援していた際、補助金が出るからとデジタル化や DX・AI 導入を依頼されたことがありました。しかし、その会社は新規事業を立ち上げたばかりで、まだお客様を集めて売上を上げる「勝ちパターン」が確立されていない状態でした。

　この状況で技術を導入しても失敗するのは明らかだったため、何度も制止。改めて目的を確認することで再出発したものでした。

　このような例は他にも多く存在し、小さな会社にとって深刻な課題であると感じています。

　実際、デジタル化・DX・AI を効果的に活用し、顕著な成果を上げている会社は少数派です。メディアで紹介されるような成功事例は一部の大企業や先進的な会社に限られており、必ずしも年商ステージ①にいる会社の状況を反映しているわけではありません。

　成功していない理由の 1 つは、目的が不明確であることです。多くの企業が AI や DX を導入すること自体を目的となっており、本来の経営課題の解決や価値創造という目的を見失っています。

　高額なセミナーやワークショップに参加し、AI などの最新技術を学んでツールを極めたからといって、それだけでビジネスが成功するわけではありません。お客様が集まり、売上が増えるわけでもなく、ただ「最新の技術を使えるようになった」という自己満足で終わってしまうことも多いのです。

最新技術はレバレッジをかける手段

　一方で、デジタル化・DX・AIで成果を上げている会社は、それ自体をビジネスにしているケースが多いです。彼らは技術を極め、それらを売り物にし、集客やセールスを通じて収益化しています。インプットした知識をアウトプットし、お金に変えているのです。

　たとえChatGPTを使ったり、デジタルツールを導入して、商談をオンラインに移行したり、マーケティングデータを自動で分析できるようになったりしても、「勝ちパターン」がなければ、これらの技術が売上に貢献してくれることは難しいでしょう。

　AIなどのツールは便利ですが、どうしても使えば何かが起きると期待しがちです。集客の基本を理解していない人が「新しい神AIツール」と煽られて、あらゆる問題を解決してくれると期待しているのをよく見かけます。ツールは重要ですが、それ以上に大切なのは、「どのように活用すれば最大限の効果を発揮できるか」です。

　年商ステージ①の企業がデジタル化・DX・AIを効果的に使うための流れは次のとおりです。

(1)　集客とセールスを徹底し、売れる商品・サービスを見つける

(2)　自社の「勝ちパターン」を見つける

(3)　デジタル化・DX・AIを使い、レバレッジをかける

　年商ステージ①の会社であっても、いずれはデジタル化・DX・AIの導入は必要になるでしょう。しかし、年商ステージ①にいる企業であれば、まずは「これをやればこれくらい売上が上がる」という予測可能なパターンを見つけることに集中するべきです。

　そのパターンにこれらの技術を掛け合わせることで、競合他社に対して圧倒的な優位性を持つことができるようになります。

　まずはこれらの技術に頼らずとも、あなたが勝てるパターンをつくっていきましょう。

第2章

集客の失敗リスクを
下げる目標設定

1　集客できない企業の8割は目標を決めていない

行動を生み出す目標設定の秘密

　集客の本でありながら、具体的なテクニックにすぐに入らないことにがっかりしているかもしれません。テクニックも重要ですが、それに入る前に大事な目標設定について説明しましょう。

　市場調査の一貫で、マーケティング活動について経営者の方々に質問巡りをしたことがあります。

　「あなたのビジネスの目標は何ですか？」という質問に答えられる方が本当に少なかったことに正直ビックリしました。

　目標設定を行って初めて、優先順位を見極めることができ、価値の高い行動がとれるようになります。どれだけ高額なコンサルタントを雇い、優れた戦略を立てたとしても、行動に移さなければ、経営戦略に費やしたお金と時間は無駄になります。

行動しないこと自体が失敗

　HONDAの創業者である本田 宗一郎氏の受け売りではありませんが、行動しないこと自体が失敗です。行動した結果、期待通りの成果が得られなかったとしても、それは失敗ではありません。改善点が見つかり、次の行動につながる限り、それは成功の一歩です。

　むしろ、初めての挑戦で成功することはまれであり、新規事業でも6回に1回ヒットすればよいと言われているくらいです。

　期待した結果が出なかったことでがっかりし、絶望し、次の行動に移さなければ、それはあなた自身で「失敗」と決めてしまったことになります。

　このように、行動を続ける限り、失敗は存在しないのです。

第2章 集客の失敗リスクを下げる目標設定

正しい目標設定とは

　目標がなければ、行動に移すための適切な手段を選ぶこともできません。年商ステージ①にいる会社の問題である「行き当たりばったりで自分が何をしているのかがわからない状態」から脱却するためには、目標を持つことが解決策の1つです。

　目標を持つことで、「意図を持って売上を立て、利益を出すこと」が実現します。運任せだった状態から、初めて手綱を握り、自分のビジネスをコントロールできる状態にするためには、目標設定が欠かせません。

　目標にもさまざまな種類があり、経営の目標、営業の目標、マーケティング目標など、多岐にわたります。

　目標は設定したからといって、それを絶対に変更してはいけないわけではありません。

　ただし、できる限り変更してはならないものがあります。それが「ゴール」です。目標が経由地点だとすると、ゴールは最終到着地点です。

　たとえば、ゴール（最終到着目標）に向かって進む際、計画段階では見えなかったものが、実際に進み始めると見えてくることがあります。このやり方にすればもっとショートカットできる、あるいは、この方法を使えばゴールまでの到達時間が半分になる、といった新しい選択肢が現れることもあります。ですから、ゴールに向かいながら目標は柔軟に修正していってもよいのです。

　しかし、ゴールをころころ修正してしまうと、大変なことが起こります。計画を立て直して目標を再設定しなくてはなりません。これには、お金と時間がかかるだけでなく、ゴールに賛同してついてきてくれた従業員やチームの士気が下がり、ゴールへの到達がより困難になります。

37

ゴールを設定してみよう

　さて、自社のゴール（最終到着目標）は何でしょうか？「終わりから思い描くこと」。『7つの習慣』（スティーブン・R.コヴィー・著　キングベアー出版社）からの引用ですが、適切な目標を設定するためには非常に重要な考え方です。

　会社では、ゴールが決まっていなければ、何も始まりません。まずは1日、誰にも邪魔されない静かな場所で、ゴールについて考える時間を設けてください。

〈おすすめの環境〉

・インスピレーションが得られる場所（山や湖のほとりなど）
・静かで集中できるカフェやワークスペース
・普段と違う空間（旅行先やレンタルオフィス）

〈準備するもの〉

・時間（最低でも数時間、できれば1〜2日）
・決めのスケッチブックやノート（あなたのゴールを書き留められるもの）
・調査用PC（ただし、メールやSNSは絶対に見ない）

ゴールを見つけるための質問

　漠然と考えているだけでは、明確なゴールは見つかりにくいものです。次の質問を自分に投げかけながら、ノートに書き出してみましょう。

①具体的にどんな結果を求めているのか？

・自分が本当に欲しいものは何か？
・その結果が得られたとき、自分はどんな感情になっているのか？

②ゴールに到達したかどうかはどのように判断するのか？

・ゴールに到達したとき、具体的に何が変わるのか？

第2章　集客の失敗リスクを下げる目標設定

- 目で見える形でどのように変化するのか？

③ゴールに到達したことを他の人が見てもわかるようにするにはどうすればよいか？

- 例えば、集客ならどんな数字でゴール達成を測るか？
- 周囲から、「ゴールに到達しましたね」と言われる状態はどんなものか？

ゴールを明確にするための手順
①書き出す

質問の答えを見ながら、ゴールの候補をできるだけたくさん書き出してください（例：やりたかった事業をやる、自由なライフスタイルを送るなど）。

②整理する

重要度の高いものをピックアップし、具体化してください（例：年商1億円の事業を通じて、5人の社員に充実した働き方を提供する）。

そして、最も心に響くものを1つ選び、それをメインのゴールとしてください。

③自分以外の誰か共有する

ドキュメントに落とし込み、いつでも確認、共有ができるようにしてください。

1日では見つからないかもしれません。人によっては何週間も、何か月もかかるかもしれません。

しかし、頭の中にアンテナを立てておけば、日常生活の中で突然閃くことがあります。このアンテナを立てるためにも、ゴール（目標）について考える時間を確保しましょう。

39

2 情熱は集客の最適化を継続させるガソリン

情熱が行動のスイッチを押すとき

情熱は、自社をゴールに到達させるための「ガソリン」と言えます。ゴール（目標）に情熱が注がれていれば、その情熱が行動を後押ししてくれるのは間違いありません。朝目覚めてゴールや目標について考えるだけで、ベッドから飛び出し、行動に移すことができるでしょう。

しかし、もしそうでないなら、自社のゴールや目標設定が間違っているのかもしれません。すべてのゴールや目標には、情熱という支えが必要不可欠なのです。

集客キャンペーンを成功させるためには、徹底的な顧客調査、競合調査、市場調査が欠かせません。情熱のない分野でこれらの調査を行うのは苦痛ですが、情熱があれば、時間を忘れて没頭し、いつの間にか時間が経っている気づくでしょう。そして、膝を叩いて「これだ！」と叫びたくなるような発見の瞬間が訪れるのです。

情熱がなければ、継続して改善することが難しくなり、最適化が進まなくなります。最適化とは、ゴールに一歩一歩近づくための必須のプロセスです。情熱がなければ、途中で立ち往生してしまうでしょう。逆に、情熱がある人は、あらゆる手段を試し、結果に結びつけるまで徹底的に取り組めるのです。

情熱とは何か

教育学者、Peter J. Patsula 氏の言葉を共有します。

⑴「幸福は、あなたが情熱を追求するときに始まる。旅は、正しく計画すれば、決して終わることはなく、情熱は死に絶えることが

ない」

(2)「情熱にはコミットメントが伴う。ただ好きなだけではなく、しようという意志、そしてし続けようという意志を持たなければならない」

(3)「情熱が見出せないなら、まだちゃんと探していないのである。」

情熱も、誰かが代わりに見つけたり設定することはできません。

自分を深く掘り下げて考える必要があります。情熱を持てるゴールを見つけることで、集客の最適化はおのずと進むでしょう。

情熱を再発見するためのツールとして、日記をつけることがおすすめです。もしあなたが日記を書いているのであれば、その日記を見直してみてください。情熱をかきたてるヒントがそこに隠れているかもしれません。

3　現実的かつ挑戦的な目標のバランス

簡単すぎても難しすぎてもダメ！

目標を設定する際、非現実的な目標を立ててしまうと、何をすべきかが曖昧になり、行動に落とし込むことができません。

目標設定の唯一の目的は「今、具体的にどんな行動を取るべきかを明確にすること」です。

では、目標が簡単すぎるとどうなるのでしょうか？

目標があまりにも簡単すぎて、挑戦意欲が湧かず、行動を起こさなくなることがあります。目標設定は、そのバランスが難しく困ったものです。

理想的なのは、現実的でありながら、少し背伸びをすれば達成可能な目標です。

たとえば、見込客のリストを100万人集めるという目標を立て

たとしましょう。当然、昨日０人だったリストが、今日いきなり100万人になるわけではありません。目標達成には、いくつかの段階があり、それぞれでクリアすべきことが存在します。最初は100人、300人、1000人といった具合にです。

目標を達成するためには、段階ごとに現実的な目標を設定し、少しずつ達成していく必要があるのです。

人は、イメージできないことには行動を起こしにくくなると言われています。これは、恐怖や不安が障害となるからです。

だからこそ、目標は頭の中で描写し、視覚化し、達成後の姿を具体的に思い描くことが大切です。

目標達成後のあなたのビジネスや生活はどのように変わっているでしょうか？

【図表２　目標は段階ごとに設定】

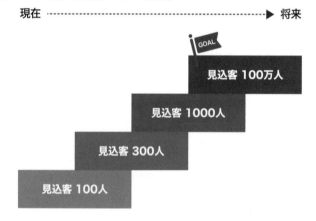

もし目標が非現実的すぎると、行動に移せず、現実には何も変わらない可能性が高いです。反対に、簡単すぎる目標は、挑戦意欲を削ぎ、行動を先延ばしにしてしまいます。

したがって、ゴールは少し背伸びをすれば手が届くような目標に設定することが、確実に前進するための重要なポイントとなります。

4 数値ベースの集客目標を設定する

数値で判断する

では、どういった状態になれば目標は達成したと言えるのでしょうか？

自分自身の感覚や「頑張った感」だけでしょうか？

もちろん、感覚に頼って成果を出している天才的な経営者もいます。

しかし、多くの方はそうではないと思います。

なぜ感覚だけに頼ってはいけないのでしょうか？

感覚だけで判断すると、再現性がなく、経営者自身の判断に依存したビジネスになってしまいます。結果として、会社に張りついている必要が出てきます。

では、そうならないためにはどうすればよいのでしょうか？

答えは、数値で判断することです。

もちろん、これまでの経験に基づいた感覚や直感が頼りになることもありますが、得意ではない分野、たとえば Web 集客のような分野で数値を見ずに感覚で判断すると、ほぼ確実に失敗します。特に、Web 集客では過ちを犯しやすいのです。

私の経験でも、プロジェクトの初期段階で感覚的に予想していた結果と、施策実行後のデータを比較すると、8 割方、予想が外れます。

たとえば、「ターゲットは 40 代の男性だと思って進めていたが、実際には 20 代の女性だった」ということがしばしばあります。

もし、現実に目を背け、数値を無視していれば、反応しない40
代の男性たちに対してずっとアプローチをし続けることになりま
す。目標達成に繋がらない行動に時間と労力を費やしているのです。
広告を出していればお金も失っていることになります。

目標はゲーム感覚で達成しよう

　数値で判断できれば、目標達成につながるレバレッジポイントを
見つけることができ、そこに集中することができます。

　ゲームで言えば、敵の弱点でしょうか。弱点をつけば信じられな
いほど簡単に倒すことができますよね。さらに、数値を基に目標が
達成しているかどうかを、ゲーム感覚で判断することで楽しみなが
らできるので、継続しやすくなり、達成も容易になります。

　これはゲーミフィケーションと呼ばれ、実際に研究されている効
果です。

　とはいえ、数値は膨大にあります。集客や販売関連のものから、
会計関連のものまで、さまざまです。

　集客と販売に集中する場合、業種によって異なりますが、代表的
な数値には成約数、商談数、来店数、問い合わせ数、メールアドレ
ス登録数、LINE登録数、アクセス数などがあります。

　もちろん、ビジネスによって他にも見るべき指標はありますが、
すべてを見る必要はありません。自社のビジネス目標に密接に関連
する指標だけに集中すればよいのです。関係ないものは無視してく
ださい。

　ツールを導入すると膨大な数の指標が出てきますが、本当に見る
べき指標は両手で数えられる程度です。

クリアすべき指標を知る

たとえば、売上に関する指標であれば、成約数、商談数、接客数が重要です。

集客では、問い合わせ数、資料請求数、メールアドレス登録数、LINE登録数、アクセス数が代表的な指標となります。

年商ステージ①（31頁）の場合は、集客や販売が特に重要ですが、商品やサービス、顧客対応が悪ければ、リピーターが増えず、常に新規客を獲得しなくてはなりませんので、ビジネスを継続することが非常に困難になります。

ですから、集客や販売だけでなく、運用や顧客サービスにも目標を設定し、これらの各区分で成果を上げる必要があります。

各区分の目標を達成することで、ビジネス全体の目標が達成される、という流れになるわけです。

図表3は、ゴール→ビジネス全体の目標→各区分の目標の流れを図解したものです。

【図表3　KPIツリー概念図】

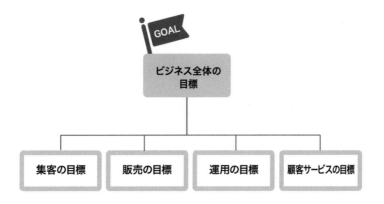

たとえば、販売が成功したとは、どれくらいの売上が上がったかで判断されます。何人にセールスして、そのうち何人が購入してくれたのか？

　次に、集客が成功したとは、どれくらいの人が店舗に来てくれたのか、あるいはWEB集客であれば、どれくらいの人がメールアドレスを登録してくれたのか、問い合わせをしてくれたのか、LINEに登録してくれたのかなどで判断されます。

　これらの指標は、ビジネスによってさまざまですので、あなたのビジネスに置き換えて考えてください。

　まずは、集客と販売に分けて、それぞれの目標を数値ベースで決めてみましょう。

5　5つの質問で目標を磨き上げる

達成していない理由を洗い出す

　では、どのように目標を設定すればよいのでしょうか？

　まず、目標となる項目を洗い出していきましょう（図表4）。

　紙とペンを用意して、現在ゴールに達成していない理由を思いつくだけ書き出します。

【図表4　達成できていない理由と目標】

達成できていない理由（障害）	目標
① 新規のお客様が少ない	① 新規のお客様をお店に連れてくる
② 見込み客の連絡先が不足している	② メールアドレスやLINEを登録してもらえるしくみを作る
③ 商談の件数が少ない	③ 商談のアポを取る

第2章　集客の失敗リスクを下げる目標設定

　新規のお客様が獲得できていない、商談の件数が少ない、見込客の連絡先が不足しているなど、さまざまな理由が浮かんでくるはずです。

　その理由それぞれを1つの目標に置き換えることができます。

　「新規のお客様が獲得できていない」→「新規のお客様を獲得する」「商談の件数が少ない」→「商談の件数を増やす」といった具合です。

　目標に対して次の質問をすることで、磨き上げていきます。

質問①：具体的に何を達成したいですか？

　目標設定の出発点は、明確な結果を求めることです。

　たとえば、集客の場合は「お客様をお店に連れてくる」、「メールアドレスやLINEの登録を獲得する」など、具体的なアクションを明確にします。

　目標が曖昧であればあるほど行動に落とし込みづらくなるので、達成するのが難しくなります。具体的かつ明瞭な目標を設定しましょう。

質問②：どのように測定しますか？

　目標を達成したかどうかは数字で測定できるようにします。

　たとえば、「お客様を増やしたい」という目標では、具体的に何人集めるのか、どれだけの連絡先を獲得するのかを明確にしなければ、成功したかどうかを判断することは難しいです。

　測定可能な目標を設定することで、実施した施策がよかったのか、悪かったのか判断できるようになります。

質問③：その目標は達成可能ですか？

　目標は挑戦的でありながら、達成可能な範囲で設定することが重要であると前述しました。目標があまりに高すぎると行動に移しづらく、逆に簡単すぎるとやる気が失われてしまいます。過去の実績を考慮して、現実的かつ少し挑戦的な目標を設定するのが理想です。

47

最初から完璧に設定できなくても、実施しながら調整していけば問題ありません。

質問④：その目標は関連性がありますか？

目標がビジネスやゴールに関連しているかどうかを確認しましょう。たとえば、年商ステージ①（31頁）の企業では、まず集客や販売ができないと死活問題にも関わるだけでなく、商品やサービスの改善に重きを置く目標を立ててしまうことがあります。

優先順位を間違えると、成果を得ることができません。今まさに取り組むべき課題に焦点を当てることが大切です。

質問⑤：いつまでに達成しますか？

期限を決めることは、行動に移す上で非常に重要です。人は基本的に怠け者なので、期限がないと行動しないものです。「いつまでにやるのか？」を必ず決め、期限を設定することで、スタートが切りやすくなります。

期限がない目標は、後回しにされやすくなり、いつになってもスタート地点のままということもあります。

目標設定の実例

実際に上記の5つの質問に沿って、目標を設定してみましょう。

・具体的に何を達成したいですか？

毎月の新規顧客数を20%増やし、平均100人から120人獲得する。

・どのように測定しますか？

新規の購入者を顧客リストに追加し、120人の新規顧客が登録されていることを確認する。

・その目標は達成可能ですか？

はい！　過去に一度120人を超えた月があったので、その経験

第2章　集客の失敗リスクを下げる目標設定

をもとにどう再現するかを考えれば達成可能です。

・その目標は関連性がありますか？

　売上を３倍にするというゴールに関連しています。既存の顧客基盤だけでは売上が横ばいなので、中長期的に考えたときに、新規顧客の増加で顧客基盤を強化することが必要です。

・いつまでに達成しますか？

　来月末まで。

　すべての目標に対してこのような質問をするのは少々手間がかかりますが、この質問で得た答えを元に各目標を１つずつクリアしていけば、ゴールとは真逆の方向に行くことはなくなります。

6　集客を目標達成の超強力な武器にする

売上は集客や販売を通じてしか確認できない

　集客ができる仕組みが整っていることは、間違いなく目標達成を支える強力な武器となります。

　思い出していただきたいのですが、年商ステージ①（31頁）にある企業の共通目標は、「意図を持って売上を立て、利益を生み出すこと」です。この共通目標を達成するために集客活動は欠かせません。

　何度も繰り返して恐縮ですが、ビジネスは集客なくして成り立ちません。集客や販売は、ビジネスでなくてはならない「空気や水」のようなものであり、そこから「お金（資金）」という血液が生まれます。この血液が流れなくなれば、ビジネスは「死んでしまう」ことになります。

　現実には多くの会社が血液をつくるための集客やセールスを疎か

49

にし、商品やサービス開発に注力してしまいます。新しい商品の企画やサービス開発は仕事している感があるので楽しい作業ですが、実際にそれが売れるかどうかは、集客や販売を通じてでしか確認できません。

　集客をしないと、どれだけ優れた商品やサービスを持っていても、それを顧客に届けることはできないのです。

売上目標達成への道筋を具体化する方法

　もしあなたのゴールが、売上を上げることであった場合、次のステップとして、いくつかの項目を明確にしていきます。

・売上目標：達成したい売上額はどれくらいか？
・顧客数：その売上を達成するために必要なお客様の数は？
・見込客の転換率：見込客の中からどれくらいの割合が顧客になるか？

　たとえば、100人の見込客のうち10人が顧客に変わる場合、売上目標を達成するには何人の見込客が必要か導き出せます。

　また、顧客1人あたりの平均売上を知ることで、売上目標に不足している金額を埋めるために何人の新規顧客が必要かもわかります。

　たとえば、現在の売上が75万円で目標売上が100万円の場合、不足している25万円を埋めるためには、顧客1人あたり1万円の顧客価値があると仮定すれば、25人の新規顧客を獲得する必要があります。

　一般的には、顧客が初めて購入してから直近の購入までの期間で顧客生涯価値を計算します。

　しかし、この方法では、現在の顧客の状況を反映しにくいです。

第2章　集客の失敗リスクを下げる目標設定

そのため、生涯ではなく年間で顧客価値を計算するとよいでしょう。

　資金繰りが大変で短期間で勝負する必要に迫られた場合は、年間よりも短い四半期で顧客価値を計算して対策を考えましょう。

年間顧客価値と四半期顧客価値のメリット・デメリット
・年間顧客価値
〈メリット〉

①顧客の長期的な価値を見やすく、安定した経営計画を立てやすい。

②アパレル業などの季節変動や短期的な影響を平準化し、ビジネスの全体的な成長を把握しやすい。

〈デメリット〉

①短期的な変化や改善の効果が見えにくい。

②新規顧客の価値を把握するのに時間がかかる。

・四半期顧客価値
〈メリット〉

①迅速なフィードバックが得られ、短期間での改善や調整が可能。

②新規顧客の動向や施策の効果を早期に把握できる。

〈デメリット〉

①季節変動など短期的な影響を受けやすい。

②長期的な顧客価値の評価には不十分な場合がある。

　年間顧客価値と四半期顧客価値、両方を併用することで、長期的なビジネスの方向性を確認しながら、短期的な改善を迅速に行うことが可能になります。

　目標が何度も達成されていることさえわかれば、達成までの施策があなたの「勝ちパターン」と言えるでしょう。勝ちパターンはあなたをゴールへ推し進めます。

51

読者特典として、年間生涯価値と四半期生涯価値を簡単に計算できるシートを用意しました。図表5のQRコードからダウンロードページにアクセスして、ぜひご活用ください(ダウンロードにはメールアドレスの登録が必要です)。

【図表5　QRコード】

https://bit.ly/plmo2025

7　目標達成にはレビューが欠かせない

ゴールや目標を設定したまま放置していないか

　ゴールや目標を設定しても、それを放置してしまい、年末にはすっかり忘れてしまう——こうした経験は多くの人に共通する悩みかもしれません。

　目標を忘れないようにするためには、アナログ的ではありますが、紙に書き出し、見える場所に貼っておくのが一番です。あるいは、毎日、紙に書いた目標を指でなぞりながら音読してみるのも効果的です。

　視覚、聴覚、触覚を使うと潜在意識に刷り込まれ忘れにくくなるようです。

　もう1つ重要なのが、定期的なレビューです。レビューとは、目

標に向けた進捗を定期的に振り返り改善点を見つけるプロセスのことです。

レビューでは計画通りに進んでいるか、目標に向かって正しい方向に進んでいるかどうかを確認し、必要に応じて軌道修正をします。北海道に行こうとしていたのに、気づけば沖縄に向かっていたというような悲しいズレが生じないためにも、定期的なレビューは欠かせません。

また、進捗状況や成果を可視化することで、レビューもしやすくなります。特にチームで取り組んでいる場合は、目標と現状のギャップが明確になるため、目標を達成するにはどういった行動が必要なのか主体的に考えやすくなります。チーム全体のパフォーマンスも向上するのでおすすめです。

事業主が「うちの従業員は言われたことしかやらず、自発的に動いてほしいけど動いてくれない」と感じる理由の１つには、レビューを実施して目標の再確認と現状とのギャップを共有していないことが少なくありません。

図表６は目標に対して進捗状況や現在の成果、ギャップを示したものです。

【図表６　進捗状況や成果を可視化】

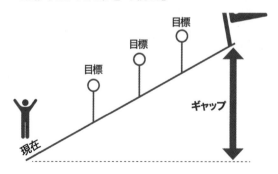

集客で最低限レビューすべきポイント
・新規顧客をどれだけ獲得できたか
・新規顧客からどれだけリピーターにできたか
・設定された集客目標に対して、どれくらい進んでいるか
・達成された成果や未達成の課題は何か
・達成できなかった目標の原因とその傾向

　レビューを行って明らかになったこととして、見込客はたくさん集まっているのに、実際に新規のお客様になる数が少ないことがわかったとしましょう。その場合は、見込客の獲得ステップに問題があるかもしれません。また、セールスが成功しているものの見込客自体が少ないということがわかった場合は、広告や見込客獲得のステップを見直す必要があります。

　このように、問題の原因は、問題が発生している箇所ではなく、たいていその1つ前のステップにあることが多いです。

【図表7　お客様獲得をする流れで原因がある場所】

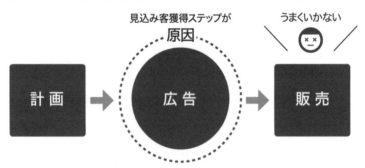

　図表7は、お客様獲得の流れの中に問題と原因の場所を明示したものです。これにより、問題と原因の場所は違う（原因は問題の1つ前）ことがわかります。

どれくらいの頻度でレビューを行うべきか？

　理想的には、年、四半期、月、週、そして日次で行いたいところですが、小規模で忙しい企業はこれをすべて実施するのは難しいかもしれません。

　最低限実施してほしいのは週次レビューです。週単位で進捗を確認すれば、月次や四半期に比べて短期間での修正が可能で、スピードを保ちながら軌道修正ができるからです。

　また、週次でのレビューは、日次に比べて少し長期的な視点を持てるので、より具体的な判断材料が得られるでしょう。

　どんなに忙しくても、週に一度、固定の時間にレビューを行うといったルールを決めれば、チームも集まりやすく、継続もしやすくなります。目標に向けて毎週集まり、課題を抽出し、次の週に挑むという文化が定着すれば、目標達成の確率も高まるでしょう。

　週次レビューの具体的な進め方についても決めておくと、より効果的です。たとえば、各メンバーが「前週の振り返り」「今週の目標」「現在の課題」の３つを事前に整理し、会議で共有するだけでも、レビューの質が向上します。

　最初は大変かもしれませんが、まずは集まる日を決め、実施する時間を固定し、15 〜 30 分以内にレビューを終えることを徹底しましょう。それ以上かかる場合は、準備不足や何かしらの問題がある可能性があります。

　また、デジタルツールを活用することで、レビューの負担を軽減できます。たとえばチームで共有できるプロジェクト管理ツールやタスク管理アプリを使えば、進捗状況を可視化しやすくなり、レビューの時間を効率的に使うことができます。

　もし目標に対するアクションの実施状況がよろしくない場合でも、レビューの日程を決めておけば、それまでにやらなくてはなら

ないとコミットメントをチームメンバーに持たせることができます。

　せっかくのレビューも社長の自慢話で終わっては意味がありません。シンプルだけど効果的なレビュー手法として KPT（Keep, Problem, Try）を紹介します。これは「続けるべきこと」「課題」「改善策」を整理し、成果につなげるフレームワークです。意味のある KPT を行うには感情を交えず、数値などを交えて事実ベースでフィードバックしてもらうことが前提条件です。

　やり方はシンプルで、３つの質問を投げかけるだけです。

・Keep（よかったこと）:「今日取り組んだ中で、続けるべきことは？」
　客観的に成功要因を振り返ることで、再現性を高めます。

・Problem（課題）:「辞めたほうがよいことは？」
　課題を特定し、次のステップへ進む準備をします。

・Try（改善策）:「課題に対して、新たに試すべきことは？」
　重要なのは、すぐに実行できる具体策を考えることです。

　KPT の結果を次のプロジェクト開始前に見返し、改善点が反映されているか確認することで、継続的な成長につながります。この習慣を継続することで、チームの成長スピードが飛躍的に向上します。次回のミーティングから早速試してみてください。

　さらに、レビューを振り返ることも重要です。定期的に「レビュー自体が機能しているか？」をチェックし、必要に応じて改善していきましょう。形式的な会議にならないよう、実際に行動につながる仕組みを意識することが大切です。

　私のように行動が苦手な場合は、あえて誰かと約束をして期限をつくり、行動せざるを得ない状況をつくるというのも手です。

　これは「デッドライン効果」と呼ばれるもので、期限が設定されることで自然と行動が促される心理効果を利用したものです。

第3章

計画を立てる
「魔法の STEP ①：Plan（計画）」

1 計画を立てて目標を現実に近づけろ

計画なき目標は迷路に迷い込むのと同じ

次に、魔法の4ステップ「PLMO」の1つ目、PLANに入ります。目標も設定し、準備は整ったので、早く集客の方法について知りたいと思っている方もいるかもしれません。

その気持ちは理解できますが、ここで焦ってしまうと、結局はこれまでと変わらず、行き当たりばったりで目の前のことだけをこなすだけの状態から抜け出せません。

ゴール（最終到着目標）は見えているのに、進んでも、進んでも一向に近づかない——まさに「前に進めない呪い」にかかっているようなものです。この呪いを解くための魔法が、PLAN（計画）を立てることなのです。

目標を設定するだけで、それが自動的に実現するなんて都合のよい話はありません。家や橋を建てるのにも設計が必要であるように、集客の仕組みをつくるのにも、設計や計画が不可欠です。計画は前章で解説したゴール（最終到着目標）を基に立てるので、もしまだ自分のゴール（最終到着目標）が明確でない場合は、前章に戻って設定してください。

計画を立てるということはどういうことか？

計画を立てるとは、目標を達成させるための手順を立てることです。簡単に言えば、ゴール（最終到着目標）を達成するためのステップを逆算して考え、ゴールから計画を立てるスタートまで1つひとつ手前へステップを引いていく作業です。

たとえば、ハワイに行くと決めたら、どこを経由して行くのか、

どんな交通手段を使うのかといったことを決める必要がありますよね。あらかじめ計画を立てておけば、予期せぬトラブルが発生しても、柔軟に対処できます。計画がなければ、トラブルのたびに混乱してしまうでしょう。

旅行に関しては多くの人が計画を立てるのに、特に中小会社の集客においては計画を立てないことが多いのはなぜでしょうか？

計画の立て方を知らないのか、知っていても、大きすぎたり極端に少なすぎたりして計画たり得ないため、放置してしまったというのが本当のところでしょう。

大きすぎる目標だけを掲げると、どこから手をつけるべきか迷ってしまいます。それでは行動に落とし込めず、先送りや無気力につながります。

目標と計画はセットです。目標を立て、それを達成するための計画を立てることで、最終到着目標達成のための計画、「ロードマップ」が手に入ります。

【図表8　ゴールまでのステップが描かれたロードマップ】

図表8は、現在地→ステップ→ゴールまでの流れを山登りに表現したものです。

そのロードマップ（工程表）に沿って行動を進めていきます。ロードマップのステップごとに目標があり、達成したら次のステップ、次のステップと最終到着目標に近づいていきます。

計画を最低でも週に1回見直し、進捗状況を確認することで、軌道修正が可能です。

計画がなければ、このプロセスを行うことができません。

したがって、その計画をつくることが、目標達成への一歩です。

計画を立てる

では、ここからはどのように計画をつくるのか、集客の計画に焦点を当てて説明します。

まずは、あなたのゴールに密接に関わる「集客目標」を達成するために必要なステップを洗い出しましょう。

各ステップには期限を設け、ステップがどのような状態になれば達成したか判断できるようにします。自分だけでなく、第三者が見ても進捗や達成したことがわかるようにするのがポイントです。

さらに余裕があれば、各ステップで必要なリソースや起こりそうな問題も洗い出しておきます。これにより、予期せぬ問題が発生した際も、冷静に対処できる準備が整います。

問題は必ず発生するという前提で進めておくことで、実際に問題が起きても、ドンと構えて冷静に対処できるのです。

とはいえ、ステップや問題の洗い出しが難しいと感じる方もいるかもしれません。しかし、ご安心ください。集客の計画には、すでに「勝ちパターン」があります。本書の指示通りに進めれば、自然と計画が立てられるようになります。

第3章 計画を立てる「魔法のSTEP ①：Plan（計画）」

【図表9　ツリー概念図】

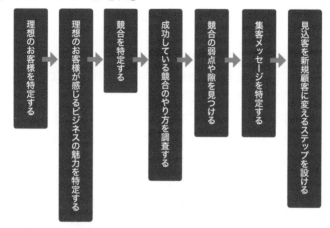

理想のお客様を特定する → 理想のお客様が感じるビジネスの魅力を特定する → 競合を特定する → 成功している競合のやり方を調査する → 競合の弱点や隙を見つける → 集客メッセージを特定する → 見込客を新規顧客に変えるステップを設ける

図表9は、勝ちパターンを図解にしたものです。

「特定する」が多いのは、それぞれの項目を調べて特定さえできれば計画が立てられるからです。目標達成のための答えは、自分たちの頭の中ではなく、市場やお客様の頭の中にあるのです。

計画の重要さがわかったところではありますが、ここで、「これは正しい計画なのか？」「最適な計画なのか？」と始める前に考えすぎてしまう方もいるかもしれません。

しかし、何事もやってみないとわかりません。始める前に頭でっかちになって分析しすぎても、その後の失敗のリスクは減らせません。

失敗のリスクは、実行した結果をもとに次の手を打つことで減らせるのです。

実行する前に、最適かどうか議論することはやめましょう。基本は、今何かを立ち上げること！　計画を立てたら、黙って実行することです。

2 理想のお客様を特定する

あなたのビジネスにぴったりのお客様を見つけよう

今までに「自社に合わないお客様」や「できればきてほしくないお客様」に悩まされたことはありませんか?

このようなお客様は、ビジネスに悪影響を及ぼしかねません。もっと重要なことに集中すべきなのに、そのお客様のことで頭がいっぱいになってしまい、精神的にも疲弊してしまいます。これでは情熱も冷え込んでしまいます。

しかし、マーケティングの計画段階で理想のお客様を特定できれば、このような問題から解放され、理想のお客様だけに集中できます。

そして、あなたのビジネスに共感し、あなたを支持してくれるお客様に囲まれるようになり、ビジネスも人生も一層楽しくなるでしょう。

理想のお客様から反応を集める

多くの人は、マーケティングと聞くと「できる限り多くの人にメッセージを届ける」ことだと考えがちです。

しかし、すべての人が自社の商品やサービスを必要としているわけではないため、受け取った人は「これは自分とは関係のないものだ」と一瞬で判断し、スルーします。

多くの人に向けたメッセージを発信しても、反応が得られないことが多いのはそのためです。

自社のことをそもそも知らない人に、何かしらの集客につながる行動を起こしてもらうには、「この会社が発信しているメッセージ

第3章 計画を立てる「魔法のSTEP ①：Plan（計画）」

は私に当てはまることを言っている。ここまで理解してくれているなら、自分が抱えている問題を解決してくれそう」と思ってもらう必要があります。

人は、自分を理解してくれる人に対して好意を抱きます。つまり、見込客に好意を持ってもらうためには、まずは相手を深く知ることが重要なのです。

では、どのようにして理想のお客様を特定すればよいのでしょうか？

まず、今いるお客様の中で、あなたが大好きで、かつ自社の売上に貢献してくれている人を思い出してみてください。「○○さんのような人が、もっとたくさんきてくれたらいいのにな」と思えるお客様です。そのようなお客様が、あなたの理想のお客様候補です。

次に、理想のお客様がどんな悩みを抱え、どんな願望を持っているのかを明確にします。悩みを解決し願望を叶えられることを信じてもらえれば、あなたがしてほしいアクションを起こしてもらえるようになります。

理想のお客様とペルソナは違うのか？

マーケティングを勉強していると、よく「ペルソナ」という言葉を耳にします。

ペルソナとは、想像でつくられる顧客像ですが、ここでいう理想のお客様の特定は、実際に存在するお客様から特定するもので、ペルソナとはまったく異なります。

では、次にさっそく理想のお客様を特定してみましょう。

現状のお客様の情報を整理してもわからないことがあれば、インタビューやアンケート、いわゆる顧客が必須です。この顧客調査が理想のお客様の特定には必要不可欠なのです。

63

ステップ①：貢献度の高いお客様をリストアップする

　最後の購入履歴が1年以上も前で、購入頻度も少なく売上に貢献してくれていなければ理想のお客様とは言えません。

　顧客管理表や帳簿を引っ張り出し、最近の購入日や購入頻度、購入額の多いお客様を5から10人リストアップしましょう。

ステップ②：基本的なお客様情報を整理する

　リストアップしたお客様の年齢、性別、職業、家族構成、よく見ている雑誌やSNS、Webサイトや生活スタイルを書き出します。

ステップ③：悩みや願望を深掘りする

　相手に行動を起こしやすくするには、行動してもらいたい相手の悩みや願望に関する情報をどれだけ集められるかで決まります。

　そもそも彼らはどういった問題や悩み抱えているのか？

　どのような夢や願望を持っているのか？

　何もせずにそのままにするとどういった状態になってしまうのか？

　全く書き出せなかったとしても問題ありません。むしろ誰に対してアプローチすればよいのかわかっていなかったことを認識したことが、最大の学びです。

理想のお客様の気に留めてもらう

　理想のお客様を特定できたら、自社のことを気に留めてもらわなくてはなりません。そのためにはいかに「共感」してもらえるか。「共感」はあなたのストーリーが理想のお客様の経験とリンクしたときに生まれます。

　たとえば、事実ではないですが、このようなストーリーです。

第3章　計画を立てる「魔法のSTEP ①：Plan（計画）」

「家族が原因不明の病気になり医者には治らないかもと言われました。治療方法を探すため、世界各地を巡って何年も調査し、なんとか改善につながる方法を見つけました。その活動を通じて同じ病気で困っている人が世の中にはたくさんいることを知りました。治療方法を知っているのに何もしないわけにはいかない、という想いから事業を始めたのです」というものです。

もしあなたの家族が同じ病気であれば、このストーリーに共感し気に留めませんか。

嘘は絶対駄目ですが、理想のお客様の状況とリンクするようなストーリーを探してみましょう。

理想のお客様に最初に提供した商品やサービスは何か？

理想のお客様の特定とは関係ないのですが、集客に必要な情報になりますので、この時点で整理しておきます。

理想のお客様に最初に何を売ったか、共通の商品を特定することで、集客に貢献する商品が何なのかがわかります。集客商品、フロント商品とも呼ばれます。集客商品を特定するために、次の質問に答えてください。

・既存の顧客リストにいる理想のお客様が最初に購入した商品、サービスは何か？

・理想のお客様は自社の商品、サービスを使って、どのような変化、結果が得られたか？

この質問もインタビューしないとわからないかもしれません。理想のお客様が自社の商品を購入したときは、商品が欲しいのではなく、その商品を使った先にある変化や結果が欲しくて行動を起こしてくれています。

理想のお客様が最初に購入した商品と、求めている変化や結果が

65

わかれば集客を行う際の強力なメッセージの素材になるのは言うまでもありません。

共通点を見つける

集めた情報を分析して、共通点を見つけましょう。

最低でも３人以上、共通点があればその情報は使えます。男性が多いのか、女性が多いのか、同じような悩みを持っているのか、同じような願望を持っているのか。

この作業を行うことで自社の理想のお客様像が具体的になっていきます。

さっそく既存の顧客リストから抽出した理想のお客様へインタビューに協力してもらえないか連絡してみましょう。

万が一、電話番号がわからなかったとしても、SNS の DM を通じて連絡が取れるはずです。

今までインタビューしたことがない方の中には、インタビューに応じてくれるのかと不安に思う方もいるかもしれません。

しかし相手は何度か自社の商品、サービスを購入してくれている理想のお客様です。自社の商品、サービスを好み、自社に信頼を寄せているのです。

意外と自分たちの心配とは杞憂で、あっさりと協力してくれるので、ものは試しに連絡してみましょう。

それでも連絡がしづらい場合は、情報と時間との対価としてお礼を用意しておくと連絡がしやすくなります。

インタビューの手順と理想のお客様を特定するワークシートを特典としてご用意しました。ぜひ活用していただき、あなたのビジネスの理想のお客様を特定してください。

図表 10 は特典のダウンロード先の URL と QR コードです。

第3章　計画を立てる「魔法のSTEP①：Plan（計画）」

【図表10　URLとQRコード】

https://bit.ly/plmo2025

3　お客様にとって超・魅力的な自社の見え方を考える

お客様が本当に欲しいのは何か？

　多くの会社は、理想のお客様をないがしろにして、つい自分たちが素晴らしいと信じている商品やサービスの機能を宣伝しがちです。どんなに商品やサービスが優れていても、それを一方的に宣伝するだけでは、エゴマーケティングに過ぎず、望んだ結果は得られません。

　そのようなアプローチを続けても、期待するほどお客様は集まりません。

　では、どうすればよいのでしょうか？

　理想のお客様を動かすためには、彼らが抱える問題や悩み、そして叶えたい願望を自社の商品やサービスが解決できると信じてもら

う必要があります。またすでに、理想のお客様にアプローチしている競合会社も存在します。

　集客を実現するには、競合会社と比べて自分たちのビジネスがより魅力的に映り、「あ、こっちのほうがよさそうだな、いや、こっちがよい！」と選ばれる状態にならなくてはなりません。

　もし自社の魅力が明確でないまま集客を行えば、競合会社にお客様を奪われ、選ばれることなく、集客は困難になります。最終的には、市場での存在感が薄れ、成長も停滞してしまうでしょう。

　とはいえ、焦って自社の魅力を一方的に決めつけるのは危険です。既存のお客様が感じている自社の魅力を最大限に引き出すことができれば、集客もやりやすくなります。この時点で初めて手強い競合会社と同じ土俵に立つことができるのです。

自社を魅力的に見せるシンプルで明確な集客メッセージ

　魅力的な集客メッセージとは受け取った見込客が、自社に共感し、「これは自分のためのものだ」と思わせるものです。

　ここでいう「見込客」とは、あなたの理想のお客様になり得る人々のことを指します。彼らはまだ自社の商品やサービスを購入していないかもしれませんが、関心を持ち、検討している段階にある人々です。

　理想のお客様と見込客の違いは、後者がまだ購入の意思決定をしていないことにあります。そのため、見込客に響くメッセージをつくることが、最終的に理想のお客様へと導く鍵となります。

　それには、見込客が抱える問題や悩み、それらを放置した場合に生じる痛み、そして彼らの夢や願望を深く理解し、それを解決できる手段として自社を位置づけることで実現します。

　たとえば、地元のカフェが「ただのコーヒー販売」ではなく、「心

第3章　計画を立てる「魔法のSTEP①：Plan（計画）」

温まるコミュニティーの場」を提供するとします。理想のお客様が「忙しい日常の中でホッと一息つける場所がない」という悩みを抱えていた場合、このカフェが「あなたの毎日にちょっとした癒しを。自分だけの特別な時間をつくるカフェ空間」といったメッセージを打ち出せば、共感を与え、単なるカフェ以上の価値を感じてもらうことができます。

　このように訴求を少しずらすことで、大手カフェチェーンと真っ向勝負するのではなく、競争の土俵を変え、戦わずして勝つことができます。

　では、どうやって自社の魅力を見つけるのでしょうか？

　大前提として、自社の魅力はお客様、市場が決めます。そのため、3つほどの集客メッセージを用意してテストを行い、どのメッセージが最も反応がよいかを確認します。反応がよかったメッセージこそが、自社の魅力を最も表しているものと考えてよいでしょう。

強力な集客メッセージの素材集め

　さっそく、自社の魅力を見つけるための集客メッセージを作成していきましょう。

　まずは材料を集めます。インタビューなどを実施し、理想のお客様をすでに特定しているなら、材料は大方集まっているはずです。材料とは、見込客が抱えている問題や悩み、夢や願望、そしてそれらを何もせずに放置した場合にどうなるか、などという情報です。

　しかし、これだけではまだ不十分です。

　特に必要な要素が「痛み」です。人間は利益を得るよりも、何かを失う恐怖や痛みに対して行動を起こしやすいという研究結果があります。

　たとえば、深夜3時に友人から「新品のタイヤを無料で配って

69

いるよ」と非常識な電話がかかってきたらどうでしょう。イライラしてガチャ切りしてしまうかもしれません。

しかし、「あなたの車庫が開いていて、知らない人がタイヤを持ち出しているよ」と言われたらどうでしょうか？　すぐに飛び起きて行動を起こしますよね。

この「痛み」という要素が、行動を促進するために強力な武器になるのです。

痛みとは

痛みとは、問題や悩み、夢や願望、それらを放置した場合に起こる望まない結果です。

たとえば、ある経営者が全国展開したいという願望があるのに、集客がうまくいっていないという悩みがあるとします。それを解決せずにそのまま放置すると、競合他社にお客様を奪われてしまいます。

「競合会社にお客様を奪われる」が痛みですが、これだけではまだ弱いです。

この痛みをさらに放置すると、どのような結果が生じるのか、前述したインタビューの際に根掘り葉掘り質問し、その結果を明確にします。

先程の全国展開したい経営者の場合は、次のような結果が考えられます。

- 価格競争に巻き込まれる
- 優秀な従業員の流出
- 家族、従業員、取引先からの信頼の喪失と市場でのブランド価値の低下

これはあくまで一例ですが、このように痛みを放置した場合の結

果を３つ聞き出します。これにより、痛みがもたらす深刻な影響がより明確になります。

次に、痛みに対する願望を掘り下げます。痛みよりも願望に基づいて行動する方も一定数いるため、願望を明確にし、その結果を示すことが重要です。これも、インタビューで次の質問をして聞き出します。

その願望が達成されたらどういった状態（結果）になっていますか？

先ほどの企業経営者の全国展開の願望が達成された場合の結果は次の通りです。

• 安定した収益とさらなるビジネスチャンスの拡大
• 従業員の士気向上
• 優秀な人材の確保
• 経済的な安定による、趣味や自己投資の機会拡大

痛みと願望の間にはギャップ、つまりジレンマが存在します。このギャップを埋めることこそが、自社の商品やサービスの役割です。そのギャップを埋めることができる唯一の解決策は、自社の商品、サービスだということさえ信じてもらえれば、見込客は集まります。商品も売れるでしょう。

たとえば、全国展開したい経営者に対しては、ただ「集客支援します」ではなく「価格競争に巻き込まれず、ブランド価値を向上させながら全国展開の支援をします」というメッセージのほうが、経営者にとって魅力的に映るでしょう。

商品・サービスの先が求められている

見込客の痛みと願望のギャップに対して、あなたはどうやって他の競合会社よりも簡単かつ確実に、そして迅速に解決しますか？

71

【図表11　ギャップ】

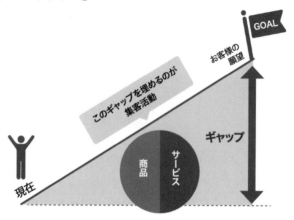

　多くの場合、見込客が求めているのは、商品やサービスそのものではなく、その商品が提供する機能や効果、さらにはその先の結果です。

　たとえば、あなたがカフェを経営しているなら、単に「○○コーヒーを提供します」と伝えるのではなく、コーヒーに加え、見込客が期待している心地よい空間やリラックスできる体験を提供できますと伝えるのが、選ばれるメッセージつくりのポイントです。

　これも、インタビューの際に「何が決め手となって、何を期待して購入したのか」と質問することで聞き出すことができます。

集客メッセージを組み立てる

　では、これらの材料を使って集客メッセージを組み立てていきましょう。

　次のテンプレートに当てはめるだけで、魅力的な集客メッセージが完成します。

第3章　計画を立てる「魔法のSTEP ①：Plan（計画）」

[テンプレート]

　自社は、[商品やサービス] を提供することで、[理想のお客様] の [痛み] を止め、[願望] を達成するのを助けます。

〈例1〉

　自社は、[集客支援サービス] を提供することで、[全国展開を目指す中小企業経営者] が、[集客不足による価格競争に巻き込まれるという痛み] を止め、[安定した収益とさらなるビジネスチャンスを得るという願望] を達成するのを助けます。

〈例2〉

　自社は「自分だけの特別な時間をつくるカフェ空間」を提供することで、[理想のお客様] が [日々の忙しさやストレスで自分の時間が取れないという痛み] を解消し、[リラックスできる空間を確保するという願望] を達成するのを助けます。

　インタビューで聞き出した痛みも願望も恐らく1つだけではないと思います。それらの材料を使って最低でも3パターンの集客メッセージを用意しましょう。どの集客メッセージの反応がよいか確認するためです。

　3パターンは、似通ったものではなく、全く異なる内容にするのが理想です。

　テストの方法としては、ネット広告を使って反応を見るのが最も確実で効率的ですが、ネット広告を使わない場合でも、次の方法でテストが可能です。

①アンケート調査

　見込客や既存のお客様に、各メッセージのどれが最も魅力的かアンケートを行い、フィードバックを集めます。シンプルに「どのメッ

73

セージに最も惹かれましたか?」と聞けば十分です。

②実店舗やイベントでのテスト

チラシや店頭ポスター、POPなどを使って各メッセージを期間を変えて試し、反応を見ます。反応の指標としては、購入件数や予約件数、問い合わせ数などを基準にします。

③SNS投稿やメールマガジン

SNSやメールマガジンで異なる集客メッセージを2週間ごとに打ち出し、フォロワーの増加や反応を測定します。

フォロワー数の増加、いいね、コメント、シェア数、クリック率を比較することで反応がわかります。

集客メッセージはそのまま使うのではなく、キャッチコピーなどの土台として使うのがよいでしょう。

これらのテストで一番反応がよかったメッセージが、あなたの現時点での「魅力的な見え方」です。

この魅力はあなたのビジネスの成長や市場の変化に伴って変わっていきますので、反応が悪くなってきたなと感じてきたら、もう一度テストをしましょう。場合によっては理想のお客様へのインタビューから実施する必要があるかもしれません。

弊社では最低でも四半期に一度以上実施していますが、最初は無理のない範囲から始めていくのがコツです。

4　ニッチを見つければ競合会社と
　　戦わずに一人勝ち

市場の隙間を狙う、ニッチでさらに差をつける

ここで、「ニッチ」について理解しておかなければなりません。

第3章　計画を立てる「魔法のSTEP ① : Plan（計画）」

「集客メッセージさえあれば競合とも戦わずして勝てる」とお伝えしましたが、ニッチを見つけることでそのメッセージをさらに強化できるのです。これを実行しない手はありません。

まずは、自社に最適なニッチを特定することから始めましょう。

一番になれる場所

ニッチとは、簡単に言えば「自分が一番になれる場所」のことです。

想像してください。もしあなたが心臓発作になったとき、「一般の内科医」か、「専門の心臓外科医」か、それとも「一番腕のいい専門の心臓外科医」、どれを選びますか？　多くの人は、一番腕のいい専門の心臓外科医を選ぶのではないでしょうか。

見込客は、まず一般よりも専門家を選びます。そして、ただの専門家よりもトップの専門家を選びたがるものです。これはあらゆる業界で同じことが言えます。

たとえば、弁護士に「離婚弁護士」や「相続専門弁護士」がいますが、一般の弁護士よりも特定の問題に強い専門家のほうが信頼できますよね。

フォトグラファーも、ただのフォトグラファーより「ウェディングフォトグラファー」と名乗ることで、競争相手が一気に減ります。

これはニッチに特化した結果です。同様に、ウェブサイト制作業者が「建設業専門のウェブサイト業者」と言えば、それだけで他との差別化が図れます。

ニッチを絞ることで差別化を図る

理想のお客様を特定し、自社の魅力を理解してくれば、自分のニッチも見え始めているはずです。ニッチを絞れば絞るほどよいのではという考えがあるかもしれませんが、市場に必要とされていな

75

いニッチには意味がありません。前述したテストを実施して、実際の市場の反応をリアルに手に取りながら、ニッチを少しずつ絞り込んでいくのが効果的です。

理想のお客様に自社の商品を選んでもらえるようにするためには、自社の商品やサービスが、なぜ特別なのか、なぜ重要なのかをシンプルに理解してもらう必要があります。

そのためにも集客メッセージをさらにニッチ化して理想のお客様に突き刺さるレベルまで磨き上げることが重要です。

しかし、ニッチを絞るだけでは十分ではありません。その理由を、ある興味深い実験が証明しています。次に紹介しましょう。

国際的にも評価が高く、クラシック界で「最高の演奏家」と呼ばれたバイオリニスト、ジョシュア・ベル。彼の演奏は「まさしく生きる意味を教えてくれる」と評され、コンサートチケットは一席3万円にもなるほどの人気でした。

では、そんな世界的バイオリニストが、彼のことを知らない人々が行き交う路上で演奏したら、他の路上ミュージシャンよりも多くの収益を得ることができるでしょうか?

結果は驚くべきものでした。

・45分間の演奏で、通り過ぎた人の数：1,070人
・立ち止まって聴いた人の数：7人
・チップをくれた人の数：27人
・総売上：3,217円

通り過ぎた人にインタビューすると、「彼はただの小銭を稼ぎたいだけの男に見えた」と答えたのです。

この実験は、ジョシュア・ベルのように世界レベルの商品やスキルを持っていたとしても、「適切な市場（場所）」を選ばなければその価値は正しく認識されず、集客もできなくなることを示してい

ます。

　では、この事例とニッチ戦略はどう関係するのでしょうか？

　ジョシュア・ベルは「クラシック音楽」という特定の分野（ニッチ）で世界トップの評価を得ていましたが、「演奏する環境（市場）」が適切でなかったため、その価値が正しく認識されませんでした。

　これは、「ニッチにおいて、適切な市場で適切なターゲットに訴求しなければ、成功しにくい」という教訓を示しています。

　つまり、「ニッチを絞る＝専門性を高めること」だけでなく、「適切な市場を選ぶこと」もセットで考えるべきなのです。

ニッチの見つけ方

　ニッチを見つけるには、理想のお客様が抱える「痛み」と「願望」を特定し、それに対する解決策を実際にテストする方法が最も確実で手っ取り早いです。

　前述した集客メッセージのテスト結果を見て、どのメッセージが一番反応がよかったのか、どういった業界のどのような人が多く反応したのか共通点を見つけていきましょう。

　たとえば、弁護士なら「離婚相談」、フォトグラファーなら「結婚式の撮影」といったように、特定のワードへの反応が多いなどの共通点が見えたらしめたものです。

　理想のお客様から集客メッセージを組み立てたとはいえ、理想のお客様と全く同じような人が反応してくれるとも限らないのがおもしろいところ。実際に反応してくれた人をベースに考えていくのが失敗を減らすコツです。市場に合わせるということですね。

適切なニッチを見つけるためのチェックリスト

　弁護士の方がテスト結果を見て「離婚弁護士」というワードが入っ

ている集客メッセージに反応が多いことがわかったとしても、この時点で「離婚弁護士」でいこう！　と決めるのはまだ早いです。反応がよかったニッチに特化する前に、次のチェックリストで適切かどうか確認しましょう。

・得意なことか？

・自分が一番になれる分野か？

・情熱を持って取り組めるか？

・市場が必要としているか？

・実際にその問題を解決できるか？

・顧客はそのためにお金を払ってくれるか？

　なぜこのようなチェックをするのかというと、今回の例で言えば、弁護士の方が離婚問題を解決することに対して実は得意ではない、好きでもない、情熱もない場合、後々燃え尽きてしまう可能性が高いからです。いわゆるバーンアウトです。

　先程の質問に対して1つでもNoがある場合はそのニッチを選ばないほうが賢明です。

　せっかく見つけたニッチがあなたに適切でなかったとしても大丈夫です。なぜなら、別の集客メッセージで再びテストを行い、適切なニッチを探していけばいいからです。

　テストを繰り返してニッチを特定し、結果に応じて集客メッセージもアップデートしていくことで、理想のお客様の痛みや願望によりフィットするようになります。

　ただ商品やサービスの価格や特徴だけをメッセージに使っているライバルと比較しても優位性を持つことができます。見込客から選ばれやすくなるのです。

　あるアメリカのSEO業者は、スペイン語のウェブサイトのSEOを専門として特化したところ、超多忙になりました。まさに一人勝

78

第3章　計画を立てる「魔法のSTEP ①：Plan（計画）」

ちの状態です。もちろんアメリカには無数のSEO業者が存在します。レッドオーシャン状態です。

　しかしその業者は、シンプルに「スペイン語のSEO」というニッチに絞って独自の強みとしたのです。

　アメリカではスペイン語が第二言語として広く使われているのにも関わらず、誰も英語のコンテンツをスペイン語に翻訳してSEO対策を行っていませんでした。必要とされているのに誰もやっていないという分野を狙うことで、大きな成功を収めたのです。

　では、あなたのビジネスにおける「超能力」となりうるニッチは何でしょうか？

　本当に得意なことは何ですか？

　世界が必要としていて、喜んでお金を払ってでも頼みたいと思うことは何でしょうか？

　テストを通じて見つけていきましょう。

5　うまくいっているライバルの穴を見つける

競争相手をリストアップする

　自社でゼロから何かをつくり出すよりも、すでに成功している手法を手本にするほうが、失敗するリスクを大幅に下げられます。時間やコストを節約し、より早く結果を得ることができるのです。

　また、競合他社を調査することで市場が求めているのに競合他社がまだ対応していない「穴」を見つけることにもつながります。

　競合他社調査をリサーチ専門会社に依頼すると、膨大な資料が提供されます。対象となる会社の製品やサービス、市場シェア、技術力、組織の評価などです。

　確かにこれらの情報は重要ですが、あまりにも多くの情報が一度

79

に提供されると、その中で何が重要なのかを判断できず、行動に落とし込むことができなくなることも少なくありません。

これでは、ただ膨大な情報に埋もれてしまうだけで、せっかくの貴重な情報も効果的に使えません。

特に、成長段階にある企業（ここでは「年商ステージ①の企業（31頁）」）の場合、そこまで詳細な情報は必要ありません。ライバルが成果を出している、つまり「うまくいっている集客や販売の流れ」を発見することが、何よりも重要です。

そして、その流れを見つけたら、それを手本にすることで、成功を再現する道筋が見えてきます。

ただし、ここで誤解しないでいただきたいのは、「手本」というのは単なるコピーではないということです。重要なのは成功の要因を理解し、競合が見逃している「穴」を見つけ、自社の状況に最適な形で応用することです。

では、「うまくいっている会社」とは何を指すのでしょうか。それは、集客手法が効果的に機能し、継続的にお客様を引きつけている会社のことです。

まずは、そのような会社を見つけるために、調査対象となる競合をリストアップしていきます。

競争相手のリスト作成

リストを作成する前に競合会社には「直接競合」と「間接競合」があることを知っておきましょう。

直接競合とは、あなたと同じ種類の製品やサービスを提供している会社を指します。たとえば、あなたがダイエットサプリを販売している場合、他のダイエットサプリを販売している会社が直接競合となります。

間接競合は、製品が異なっていても、同じ「約束」を提供している会社です。ダイエットサプリの場合、痩せることを目的(約束)としたパーソナルトレーナーやエステ、ジム、オンラインフィットネスプログラム、さらにはダイエットに関連する食品や飲み物なども、間接競合にあたります。

たとえば、スターバックスを例に挙げると、スターバックスが提供する「くつろげる場所」という価値に対しては、カフェだけでなく、くつろげると謳っている飲食店や図書館なども間接競合として考えられます。

このように、顧客に提供する約束、言い換えると「価値」に焦点を当てることで、模倣すべき競合が一気に広がります。

なぜ間接競合会社を優先して手本にすべきか？

あなたのビジネスと近い競合会社ばかりを手本にしていると、お客様から「あの会社はパクっているな」という印象を持たれ会社のイメージが下がってしまうリスクがあります。そうなると集客どころではありません。

近くの競合会社は目に入りやすいので、手本対象に上がってしまうのは仕方がないかもしれませんが、会社のイメージを損なわないためにも、できるだけ自分たちと異なる業界でありながら同じ「約束」を提供している間接競合他社を手本対象としましょう。

うまくいっている会社を見つけ出す

リストアップした会社がすべて「手本にすべき成功会社」とは限りません。

そこで、成功しているかどうかの基準は「広告を継続的に出しているか」です。もちろん、広告を出していなくても成功している会

社はありますが、素人では判断がしづらいため、調査が複雑になります。それこそ、専門のリサーチ会社に依頼することになります。

　自分達だけでも判断できるように、広告を出している会社から手軽にリサーチを進めていきましょう。

広告の出稿状況を確認する方法

　広告を出しているかどうかは簡単に確認できます。多くのビジネスが Instagram や Facebook、Google を利用しているので、それらのプラットフォームを利用して競合他社の広告をチェックします。

　具体的には、Facebook（Meta）や Google が提供している無料のツールを使用することで、広告状況を調べることができます。

　まず、Facebook から確認していきましょう。

Facebook 広告ライブラリの使い方

　Facebook や Instagram で広告を出しているかは、Facebook 広告ライブラリというサイトから確認できます。

　その手順は次のとおりです。

① Google 検索で「Facebook 広告ライブラリ」と検索するか、次の URL にアクセスする

https://www.facebook.com/ads/library/

②検索欄に競合他社の社名を入力する

　広告が表示されていれば、Facebook や Instagram で広告を出稿していることです。

　何も表示されていない場合は、広告を出していないので、他の競合会社を調べるか、リストアップの段階に戻って再度競合を選定します。

　ちなみに、この Facebook や Google を始めとするサービスやツー

第3章 計画を立てる「魔法のSTEP ①：Plan（計画）」

ルは、名称や画面が頻繁に変わったり、時にはサービス自体が終了したりすることがあります。そのため、ツールの使い方に慣れることは大切ですが、そうした事態があることを理解していないと、ツールに振り回されてしまいます。

長期間、継続的に掲載されている広告の確認

　広告を出していることが確認できたら、その中でも長期間にわたって継続的に掲載されている広告を探します。

　というのも、効果がない広告は早々に停止されますが、長期間続いている広告は、その企業に利益をもたらしている可能性が高いと考えられるからです。

　フィルターを使用して、次の条件で確認します。

①言語を「日本語」に変更する。

②オンラインのステータスが「アクティブな広告」になっていることを確認し「フィルターを適用」を押す。

　そうすることで現在進行中の広告が表示されます。

　一番下までスクロールして、広告の掲載開始日を確認します。

　図表12は広告の掲載開始日が確認でき、継続的に出している広告の見方がわかるものです。

　掲載開始日が数か月以上前、3〜6か月以上にわたってアクティブであれば、それは成功している広告であると考えられます。

広告の内容から競合会社の「穴」を見つける

　このように、成功している広告を確認したら、その内容に注目します。どのような集客メッセージを使っているのか、どのようなビジュアルや文言を使用しているのかを分析します。

　そして、競合がどこに力を入れているのか、逆にどの部分を見逃

83

【図表12　実際のFBライブラリのキャプチャー】

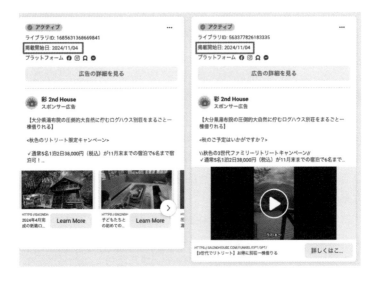

しているのか、穴を見つけるのです。

　市場は必要としてるけど満たせていない弱みを、競合会社を上回る解決策で自社が埋めることができれば、優位に立てるのは言うまでもありません。

Google広告の確認方法

　Google広告でもFacebook広告と同様に、リストアップした会社が広告を出しているか確認することができます。Google広告の場合は「広告透明性レポート」というサイトから、広告主の情報を確認できます。

① Googleで「Google Ads Transparency」と検索するか次のURLにアクセスする。

第3章　計画を立てる「魔法の STEP ①：Plan（計画）」

　https://adstransparency.google.com/
②サイトにアクセスしたらリストアップした会社の名前を検索欄に入力してみましょう。

　広告の内容や掲載期間が表示されます。長期間掲載されているのであれば、うまくいっている広告と判断できます。Facebook 広告ライブラリと画面が似ていることに気がつきましたか？（2024年11月時点）

【図表 13　実際の広告透明性レポートのキャプチャー】

　図表 13 は広告の掲載開始日が確認でき、継続的に出している広告の見方がわかります。

競合会社の情報を集める
　次に、うまくいっている広告の内容、画像、動画などの情報を集め分析できるようにします。

具体的には、スクリーンショットをとってエクセルなどに貼り付けてまとめていきます。スクラップブックのようなイメージですね。

　競合他社ごとにフォルダをつくって、そこにスクリーショットやメモを放り込んで置くだけでも十分です。

　情報収集をしていると、どうしても広告のビジュアルやデザインに目がいきがちです。それよりも、売れている広告がターゲットの悩みや欲求にどのように作用しているかを見極めることが、行動を促す広告作成の鍵です。

　情報を集める際におさえておくべき内容は次の通りです。

・広告のビジュアルやデザイン
・キャッチコピーや集客メッセージ
・ターゲットにしているお客様の層
・広告をクリックした後に表示されるページ（ランディングページ）

　Facebook 広告ライブラリーでは、そのままランディングページに飛べますが、2024 年 11 月時点では、「Google 広告透明性レポート」から直接ランディングページにアクセスできません。

　解決策として、「Google 広告透明性レポート」で表示された広告のタイトル部分をコピーし、再度 Google 検索にかけると現在出稿されている Google 広告が表示されます（表示されない場合もあります）。

　スポンサーと表示されている結果をクリックすると内容がわかりますが、そのままクリックしてしまうと広告主に課金が発生します。

　課金が発生しないように、右クリックでリンク先をコピーし、別ブラウザやタブで確認することが礼儀です。

　うまくいっている広告を見つけることができれば、その広告からリンクしているランディングページも結果を出している可能性が高いと言えます。

第3章 計画を立てる「魔法のSTEP ①：Plan（計画）」

【図表 14　実際に出稿されているGoogle広告の画像】

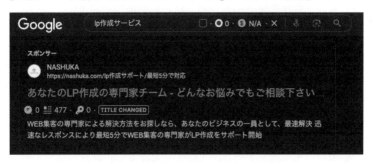

　たとえば、1つの商品、サービスに対して複数の広告がある場合、それらのすべてのリンク先に行ってみて、同じランディングページにたどり着くのであれば、そのページは少なくとも成果を出しているページと考えてよいでしょう。

　ランディングページには取り扱っている商品やサービスの情報はもちろんのこと、どのように訴求しているかなど得られる情報は広告よりも多岐にわたります。それが結果をだしているランディングページであれば宝の山と言っても過言ではありません。

手本にするポイント

　実際に手本にする際、単なる物真似ではなく、なぜその広告やページがうまくいっているのかについて考えることが重要です。

・広告、ランディングページは、どのようなお客様のどういった悩みに訴求しているのか？

・なぜこの広告やランディングページがお客様を惹きつけているのか？

・その成功要因は何か？

　競合会社に対して優れているなと感じる部分に関しては、自社で

も可能な範囲で同等の対策を取れないか検討します。

　その上で、競合が満たせていない部分を自社に取りいれることで競合会社より優位に立つことができるのです。

　本書で紹介した競合会社リサーチは、パソコンとインターネットさえあれば、簡単に実行できる手法です。高価なツールなんて使わなくても、この調査手法で十分に集客を実現するための情報を集められるはずです。

　不思議なことに多くの会社（とくに年商ステージ①の企業（31頁））がリサーチ活動を行っていないのです。なので、このリサーチ結果をもとに施策を考え、実行するだけでも、弊社のクライアント様のように「最近何か勢いがあるね、何か違うね」と他社から言われるようになるでしょう。

6　お客様を惹き寄せる集客メッセージ

集客メッセージの例

　お客様にどんなメッセージを伝えるかが定まっていなければ、集客の仕組みをつくるどころではありません。

　集客メッセージに完璧はありません。もっともっと反応してもらえるように市場に合わせて磨き続けていくものです。

　この集客メッセージこそが、理想のお客様を行動に駆り立てる最初のきっかけだからです。

　集客メッセージが理想のお客様の現実からかけ離れた内容だと、自社のブランドは確立されず、集客も思うようにいかなくなります。

　たとえば、ビジネス交流会で「何をしている方ですか？」と聞かれたときに、ただ肩書きを答えるだけでは、その場のビジネスチャンスをみすみす失うことになります。よくあるのが、「私はコンサルタントです」「コーチです」「ハウスキーパーです」「マーケター

第3章　計画を立てる「魔法の STEP ①：Plan（計画）」

です」といった信じられないくらいつまらない自己紹介です。

もしあなたが逆の立場だったら、どう感じるでしょうか？　「ふーん」と思って、3秒後には忘れてしまうでしょう。

ではこのような自己紹介ならどうでしょうか。

「私は、あなたの働く時間を10分の1にし、売上を10倍にするコンサルタントです」、「お客様の滞在にさらなる付加価値を提供し、忘れられない思い出をつくるハウスキーパーです」と言われたらどうでしょう？　少なくとも前者に比べて、興味が湧いてくるはずです。

ここで、私の大好きなエピソードをご紹介します。

アメリカの故ケネディ大統領が NASA を訪問した際、床を掃除している青年に「この仕事は気に入っていますか？」と尋ねたところ、その青年は「私はただ床を掃除しているのではなく、人間を月に送る手伝いをしているのです」と答えたというのです。

このエピソードは広く語り継がれていますが、実際の記録は残っていません。

しかし、ここで重要なのは「どのように自分の仕事を捉え、それを他者に伝えるかが、影響力を生む」という点です。

これは、集客メッセージにも応用できます。あなたが理想のお客様や自社の魅力を把握していれば、同様にインパクトのあるメッセージがつくり出せるはずです。

今の時代、よい商品やよいサービスを提供するのは当たり前です。だからこそ、集客メッセージで差別化を図ることが求められるのです。

特に、どの業者に頼んでも同じようなサービスが提供されると思われる業界では、集客メッセージを工夫するだけで他社との差が生まれます。

よい商品やよいサービスが当然の時代では、商品そのものではなく、特別な顧客体験も差別化には欠かせない要素です。

　たとえば、会員登録後すぐに感謝の電話がかかってきたり、専属の担当者が商品やサービスの使い方、選び方を親切丁寧にフォローしてくれたりすると、あなたの会社を特別な存在として捉えてくれるようになるでしょう。

　顧客体験が悪ければ、集客ができたとしても信頼を失いかねません。問い合わせがしにくい、電話がつながらない、チャットサポートの対応がAI任せで満足な回答が得られないなどの問題があると、せっかく集客した見込客を逃してしまいます。

一貫したフォローアップが信頼を築く

　今のビジネス環境では、オンラインでのアプローチが主流となっていますが、電話や手紙、DMなどでのフォローアップは、かえって見込客に強い印象を与え、結果として売上に直結しやすくなる傾向があります。

　特に、集客メッセージに基づいた一貫したフォローアップが行われることで、見込客は「この会社は信頼できる」と感じるでしょう。

　信頼が築かれている状態でキャンペーンを実施すれば、当然ながら高い確率で見込客は反応してくれるようになります。

集客メッセージは常に進化する

　集客メッセージは一度完成したら終わりではありません。ある時期には効果を発揮していたメッセージも、時間が経つにつれて反応が悪くなることがあります。だからこそ、常にメッセージを見直し、改善を繰り返すのです。

　まずは、自社の集客メッセージが一定の反応を得られる基準（指

標）を持ちましょう。基準を元に集客メッセージの最適化を繰り返し、反応率を高めていきます。

・よい集客メッセージの条件

　よい集客メッセージにはいくつかの条件があります。これらのポイントを押さえることで、理想のお客様に響くメッセージを作成することができます。

・価値として感じてもらえるか

　集客メッセージを受け取った相手が、それを価値あるものとして認識してくれているか。

・見込客が自分事として捉えられるか

　集客メッセージを自分に対してのメッセージだと捉え、「この会社は私の悩みや問題を私以上に理解しているから、抱えている問題を解決してくれるかもしれない」と感じられるかどうか。

・他社との差別化ができているか

　あなたの提案が他の会社とは違い、「これを逃したら損だ」と思ってもらえるかどうか。

　ここで当時、ドミノ・ピザを一躍有名にした集客メッセージ紹介します。

　「熱々のピザを30分以内にお届けします。もし遅れたらお代はいただきません！」

　この短いメッセージは、「配達が遅れるんじゃないか？」「熱々のピザが食べたい！」「ちゃんと届くのか？」という、お客様の抱える不安や願望を、すべてをカバーしています。

　このように、集客メッセージはお客様の不安を解消し、魅力的なオファーを提供するものであるべきです。

　その昔、実際にピザの配達に30分以上かかったために、代金を

支払わず無料でピザを食べられたときの衝撃は今でも覚えています
（現在はこのサービスは実施されていません）。

　もう1つの例として、国際的な配送および物流サービスを提供し
ている FedEx のメッセージも参考になりますので紹介します。
　「お客様の大切なお荷物を、安全に、そして1日で確実にお届け
します」
　このメッセージも、荷物が無事に届くかというお客様の不安に応
え、安心感を与えるものです。時代が進み、翌日配達が一般的になっ
た今では、インパクトは薄れているかもしれませんが、当時として
はお客様の期待に応える強力なメッセージでした。

時代に合わせて変化する集客メッセージ
　時代が進むと顧客のニーズも変わるため、それに伴って集客メッ
セージも進化しなければなりません。
　集客メッセージができたとしても思いつきなどで頻繁にターゲッ
トを変えてしまうと、メッセージの効果は下がってしまいます。
　集客メッセージは、理想のお客様に向けて組み立てられているた
め、ターゲットが変われば当然メッセージも変更が必要です。
　一度、理想のお客様を特定し、集客メッセージを作成したら最低
でも3か月はその集客メッセージにコミットして最適化を続けて
ください。

集客メッセージの効果を高める秘訣
　集客メッセージを伝える人や企業が、メッセージと矛盾する行動
を取ったり、一貫性がなかったりすると、そのメッセージは効果が
薄れてしまいます。

第3章　計画を立てる「魔法の STEP ①：Plan（計画）」

　たとえば、Web 集客コンサルタントが自らの集客を怠っていたり、ホームページ業者が自社サイトを持っていなかったら、見込客は「え？」と感じてしまいますよね。

　また、Instagram で発信した集客メッセージが、HP の内容や、過去の X（Twitter）、Facebook などの SNS 投稿と矛盾していると、見込客の反応は低下してしまいます。なぜなら、現代のお客様は、予想以上に多くのメディアを横断して調べているからです。

　あなたも気になった商品の広告を見たら、その会社の HP や別の SNS を覗いたりしてませんか。

　そのため、面倒かもしれませんが「これでいけそうだ」と確信できる集客メッセージが見つかったら、HP、SNS、チラシ、店内表示など、集客活動で使っているすべてのメディアのメッセージを統一しましょう。このように一貫性を保つことで、信頼が築かれ、高い反応が得られるでしょう。

　もう１つ大切なのは、あなたがその集客メッセージを伝える適任者かどうかです。自分自身が素晴らしいと思っている商品やサービスを実際に使ったことがないのに「素晴らしいですよ」と伝えるのは、説得力に欠けますよね。人は、自分と同じ悩みや課題を先に解決した人の話を聞きたがるものです。

　イメージとしては、あなたはすでに山頂にいて、今まさに登っている人に手を差し伸べて引き上げてあげるようなものです。あなたが見込客と同じ悩みを、自社の商品で解決したというストーリー以上に説得力があるものはありません。

競合会社リサーチとメッセージの最適化

　ストーリーに加えて、競合会社の「穴」を埋めることが証明できれば、より効果的な集客メッセージになります。実績、お客様の声、

93

業界で有名な方からの推薦やTVからの取材など、これらの事実が証拠となります。自社の商品が、唯一の解決策として信じてもらえるように集客メッセージを組み立てることで、選ばれない理由を潰していくのです。

計画のプロセスを踏んで組み立てた集客メッセージは、計画前に考えていたものとは違うかもしれません。「何か物足りない」「違和感を感じる」ここからは程度であれば、問題ありません。

大概の場合、実際に市場や理想のお客様を調査した結果は、考えていたものと異なるものです。このズレが集客をうまくいかなくさせる原因です。

では、この「ズレ」をなくすにはどうすればよいのでしょうか？方法として、顧客ヒアリングとメッセージのテストを組み合わせ、より精度の高い集客メッセージをつくることができます。

新規集客できなかった理由は"訴求ポイントのズレ"

実際の事例を見ていきましょう。

あるスタートアップ企業は、当初「弁護士向けの文書管理機能に優れた電子メール」として製品を販売していましたが、新規顧客の獲得に苦戦していました。

そこで既存顧客に「この製品を選んだ決め手」についてヒアリングしたところ、「文書管理機能に優れた電子メール」ではなく、オプション機能であった「安全なファイル共有機能」が選ばれた理由だったことが判明しました。

結果、集客メッセージを「安全なファイル共有を強みとしたチームコラボレーションソフトウェア」に変更し、テストを実施。販売者が想定していた訴求ポイントと、実際の見込客が求めていた価値のズレを修正していきました。その結果、見込客が製品の価値を直

感的に理解しやすくなり、選ばれるようになったのです。

　新規集客は、見込客があなたのことを知らない状態から興味を持ってもらい、信頼をしてもらわねばなりません。信頼を築く大前提として、見込客のことを最も理解している必要があるのです。

　見込客が、日々頭の中で考えていること、夜も眠れないほど悩んでいることを見つけ、理解し、それを自社の商品やサービスと結びつけられれば、自然とそのお客様はあなたに惹きつけられていくでしょう。

競合会社は自社の代わりにお金と時間を使って調査をしてくれている

　すでに成功しているライバル会社は、自社の代わりにお金と時間をかけてテストを繰り返し、効果的な集客メッセージをつくり上げています。

　つまり、ゼロからすべてを考える必要はなく、うまくいっているライバルを参考にすることで、集客の効率を大幅に向上させることができるのです。ライバルの成功した集客メッセージを分析し、どのような言葉が使われ、どのように伝えられているのかを学び、自社に適用しましょう。

　ただし、メッセージをただ模倣するのではなく、自社の魅力に合わせて最適化することが重要です。集客メッセージが完成したら、次にすべきことは、そのメッセージを一度だけ伝えるのではなく、顧客になるまでの全ステップで繰り返し伝えることです。

　1回伝えただけでは、相手の心に残りません。何度もあらゆる媒体を通じて発信することで、メッセージが認識され、行動につながるのです。

　とはいえ、「どのくらいの頻度でメッセージを伝えるべきか」わ

かりづらいかもしれません。その場合は、企業のサービスに登録したり、実際に商品を購入したりしてみましょう。

すると、どのくらいの頻度でメッセージが送られてくるのか、また、受け取ったメッセージがくどくならないようにどのような工夫がされているのか を実体験できます。

驚くことに、うまくいっている会社ほど頻繁にメッセージが送られてくることに気づくはずです。競合他社の顧客になることが、究極の競合調査です。

7　自社のことを知らない状態から お客様になるまでのステップの描き方

知られざる存在から忘れがたい存在へ

これまでの過程で集客を実現するための材料はほぼ揃いました。ここまでの準備をして、実際に集客を行うまでにこんなに多くの作業が必要だったのかと感じられたかもしれません。

ここからは、PLMO フレームワーク、計画：PLAN の最後の仕上げとして、「自社のことを知らない人がお客様になるまでのステップ」を作成します。これまで集めた材料をまとめて、実際の行動に落とし込むための計画にしていくというわけです。

「ものすごい計画書をつくるのでは？」と思われたかもしれませんが、安心してください。つくるのはただの一枚の「地図」です。

図表 15 は見込客から顧客、口コミをしてくれる状態になるまでのステップを示すものです。

この地図を実際に描いていきましょう。

いくら素晴らしい材料を集めたとしても、それが目に見えない形では何をすればいいのかわかりません。経営者は、見込客がどのよ

第3章　計画を立てる「魔法のSTEP ①：Plan（計画）」

【図表15　見込客が顧客になるまでのステップ】
ゴールへのマップ

うなステップをたどって商品やサービスに興味を持ち、最終的に購入に至るのか、全体像を把握していなければ、何がうまくいっていて、何が問題なのかも判断できません。

だからこそ、集客メッセージを最大限に活かし、ビジネスの集客や売上アップを実現するための「最強のロードマップ」を描くことで、後の章で扱う最適化、Optimize が可能になるのです。

図表15は、お客様の現状から悩みを解決し、最終的に願望を達成するための道筋とも言えます。

マーケティング用語で「カスタマージャーニー」といいます。文字通り「お客様になるまでの旅路」です。

ゴールまでの道筋を見える化する

これまでに集めた情報を材料に、それらを「マッピング」して見える化していきます。

ここでは、あえてデジタルツールは使用しません。紙とペンを用意して、手で書き出していきましょう。カスタマージャーニーを作成できるデジタルツールもありますが、それらの使い方にとらわれて作業が進まないのであれば本末転倒です。最強のツールはシンプ

【図表16　質問と例の対照表】

ルな「紙とペン」です。

　作成したものを従業員やチームメンバーに渡して、後からデジタル化するのも1つの方法です。デジタル化が得意でなければ、得意な人に任せましょう。

　まずは自社の現在の状態をマッピングし現状を把握します。

　基本的なお客様の流れは、図表16の通りです。

　「知る」→「好きになる・興味を持つ」→「信頼する」→「試す」→「購入」→「リピートする」→「紹介する（ファン化）」

　例を上げますのでステップごとに、あなたが現在行っている施策を書き出してください。

・知ってもらうために何をしているのか？
　　例：複数のSNSで投稿、ショート動画の配信
・好きになってもらうために何をしているのか？
　　例：理想のお客様にフォーカスした興味深い投稿や、クーポンや

プレゼント、保存したくなる・シェアしたくなるショート動画の提供

・信頼を築くために何をしているのか？

　例：LINE やメールマガジンで、理想のお客様が価値を感じる情報を定期的に提供し、限定キャンペーンを行っている

・どうやって試してもらっているのか？

　例：無料や格安でサービスや商品を試してもらっている

・購入を促すためには何をしているか？

　例：無料で試した人に対して、新規顧客向けの特別なオファーを提供している

・リピートしてもらうためには何をしているか？

　例：既存顧客向けの限定キャンペーンを実施している

・ファンにするためには何をしているか？

　例：顧客の今のニーズに合った商品やサービスを積極的にオファーし、上級顧客向けのコミュニティをつくり、関わりの頻度を高めている

　どうだったでしょうか？　おそらく、すべてを書き出すことができなかったと思います。あるいは、「知ってもらう」ために SNS を利用しているものの、「好きになる」、「信頼」、「試す」というステップを飛ばして、いきなり購入させようとしていたことに気づければ、しめたものです。

　見込客が自社の商品を受け入れる前提条件とも言える、「好きになる」、「信頼」、「試す」というステップを踏んでいないので、うまくいくものもうまくいかなかっただけのです。

　どんなことにも段階があります。どれだけこれらのステップを飛ばしていたのか、把握できたことが第一歩です。

【図表17　見込客が購入に足るまでの図】

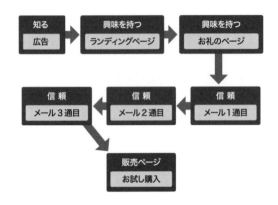

うまくいっている競合他社のステップを暴く

　次に、競合他社がどのようなことをして成果をあげているのか暴いていきます。まずは、競合他社リストを引っ張り出してきてください。少し気が進まないかもしれませんが、競合他社の商品やサービスを購入するか、購入前の段階まで、実際の顧客体験を進めてみてください。

　そして、実際に自分が顧客として体験したステップをマッピングしていきます。オンラインの場合は、各ポイントをスクリーンショットなどで保存しておくと便利です。広告、ランディングページの調査方法については前述した手順で実施してください。

　参考までに図表17は「知らない人をお客様にする」までの定番ステップです。

　また、ファンを多く抱えている競合であれば、購入後、顧客にどのようにフォローアップしているかをメモしておくと、競合他社が

第3章　計画を立てる「魔法の STEP ①：Plan（計画）」

実践している「ファンをつくるステップ」も解明できるでしょう。

　ファンになるかどうかは、購入後にどれだけフォローアップをしているかにかかっています。ファンを増やしたいと思っているにもかかわらず、フォローアップをしていない、もしくはフォローアップが足りていないということはないでしょうか?

　もしフォローアップのやり方がわからないなら、シンプルに競合の顧客体験を得てみましょう。

うまくいっている施策を発見する

　競合他社が見込客をお客様に変換しているステップを明確にしたら、次の質問を投げかけます。各ステップで競合が何をしているのか明確にしていきましょう。

・「知る」ではどんな施策を行っているのか?

・広告以外に何か取り組んでいることはないか?

・「好きになる」では何をしているのか?

・「信頼する」ためにはどんな施策をしているのか?

・「試してもらう」ためにはどうしているのか?

・「購入させる」ためにはどのようなアプローチをしているのか?

・「リピートさせる」ためには何をしているのか?

・「ファンにする」ためにはどんな顧客体験を提供しているのか?

　どうでしょう?　あなたが実施していない施策を見つけることができましたか?

自社専用のマップを書く

　では自社のマップを書いていきましょう。

　その前に注意点を1つ。競合会社のお客様獲得までのステップに関しては、戦略であり、著作権などで守られたデザインなどではあ

101

りませんので、ステップはそのまま真似ても問題ありません。

　なので競合会社のお客様となって調査を行い、その内容をマッピングした時点で、すでに自社のマップは完成しているのです。ゼロから考える必要はなく、そのまま参考にして大丈夫です。

　ただし、競合会社が使用しているコピーや画像は著作権で保護されていますので、そのまま真似すると盗作になってしまいます。

　もし真似したとしても、コピーも画像も理想のお客様向けに置き換えなくては使い物にならないでしょう。

　競合のお客様になって書き上げたマップを自社の理想のお客様向けに調整して、自社マップの完成というわけです。マップも、集客メッセージと同じく一度作成したら終わりではなく、理想のお客様、商品やサービス、市場の変化に応じて見直しが必要です。

全体を俯瞰して本当に必要なことだけをやる

　マップがあれば、自社のゴールへの道を阻んでいるステップがどれなのかも見当がつきやすいです。うまくいっていないステップを改善するために不足している情報を、主体的に取りにいけるようになります。今まさに必要としている情報ですね。

　たとえば、お試しはしてくれるものの購入に至らないことがわかれば、お試しから購入までのステップに係る情報を、本でも動画から学べばよいわけです。それよりも本書で紹介した手順に従い、現在進行系でうまくいっている競合を調査したほうが有益な情報を手に入れることができるでしょう。

　今まさに必要な情報を取りにいくという考えで行動できれば、ゴール到達に関係のない上辺だけの講座やセミナーなどに時間とお金をかけることから解放されます。

　完成したマップはあなたの集客の設計図として活用しましょう。

102

第4章

集客プロジェクトを立ち上げる
「魔法の STEP ②：
Launch（立ち上げ）前半」

1　自社だけでやることにこだわると 　　集客はハードになる

自社ですべてを抱え込むのは、逆効果？

　PLMOの2番目のフェーズ、販売「Launch」に入りました。販売するためには前章で計画した内容を実行に移さなくてはなりません。その前に確認しておかなければならないことがあります。社長はすべての作業を自社だけでやろうとしていないでしょうか？

　今までの経験からも、売上の生命線でもある集客やセールスを知らない業者に丸投げするのは危険です。自社の事情を知らない業者に任せると、不十分な自体が生じることが少なくないからです。

　自社だけでコントロールできなくては、本当の意味で適切な報告なんてできません。だからといって自社だけですべてをやるというのは考えものです。

　矛盾していると思われるかもしれませんが、実際のところ集客関連のすべてのスキルを自社だけでカバーするのは非効率です。今すぐにでも集客や売上を上げなくてはいけないのに、そのために求人や教育などで社内リソースを使うことになるからです。

　せっかく立てた計画も実行に移す際に、対して得意でないライティングやデザイン、動画制作、ツールの設定などを0からやると、学んでいる間に市場が変わって計画もやりなおしというパターンも実際にありました。

　もし社長が集客コンテンツの作成に長年の経験があり得意であれば問題ありません。そうでなければ、自社の必要分野と得意分野に集中し、より大きな価値を生み出し、それ以外の得意でない分野については外注に協力を求めるのが現実的です。

第4章　集客プロジェクトを立ち上げる「魔法の STEP ②：Launch（立ち上げ）前半」

外注ではなく一番の専門家は社長自身

　自社でやるべきは、PLAN（計画）のことです。計画は必ず自社でやったほうがよいです。なぜなら、自社の商品やお客様を一番知っているのは社長のあなただからです。社長は四六時中ビジネスのことを考え、お客様と触れ合い、どうすればもっとお客様を増やせるか、喜んでもらえるかを考えているはずです。

　われわれのような専門家は、ビジネスを効果的に組み立てる仕組みを持っていますが、社長と同じように時間は限られており、社長以上にビジネスに没頭したり、知ることはできないのが現実です。社長が本気になれば、ご自身が一番の専門家なのです。

　NIKE も自社で企画や計画をしていますが、製造は別の契約会社に任せています。そして、海外の会社ではマーケティングの計画や戦略を立てるチームと、それを実行するチームで部署自体が分かれており、イメージとしてはそれに近いです。計画や戦略を立てるという脳は自社で行い、手と足となる部分はアウトソースする。

　得意ではないことを自社でやると、マップは無視され、目の前の細かい作業にばかり集中してしまうでしょう。全体が見えなくなるので、どのステップにいるかもわからなくなり、作業をこなすことが目的になってしまうのです。気づかぬうちに集客をハードにしているわけです。

　経営者であるあなたは俯瞰して、何がうまくいっていて何がうまくいっていないのか全体を管理できなくては永遠にゴールにはたどり着かないでしょう。

誰にどのような作業を任せるのがベストか？

　基本的には得意でないことや、やったことがないことを作業依頼の対象にしましょう。余裕があれば、依頼したい作業を自分で一度

105

実施してみて、複雑さや、作業時間はどれくらいかかるのか、感覚を掴むと業者さんにふっかけられることはないでしょう。

計画がある場合は、あなた自身が未経験でも、依頼して問題ありません。任せたい方が最低限の知識、経験、スキルのある方なら、あなたのゴール、マップやマップをつくる際に集めた情報（うまくいっている競合のコピーやデザインなど）を共有するだけで、作業をしてもらえるでしょう。

事実、計画部分から外注すると時間がかかり、コストも増加します。計画を立てられる人材（経営者であっても）は非常に少なく、もし見つかったとしても、その報酬は高額になる傾向にあります。計画やビジネス戦略を立てられるスキルを持つ人は、自ら事業を立ち上げているか有名所の会社に囲まれている場合が多いからです。

自社のマップを見て何が必要で、何が不足しているか考えてみてください。デザインやライティング、SNS、サイト関連、その他、社内で不足している分野を洗い出しましょう。

次に得意でない分野はなんでしょうか？　不足していて、得意でない作業を優先的に外注に依頼しましょう。

火傷しない依頼の仕方

外注を探す場所としては、クラウドワークスやランサーズなどのサービスが便利です。

特に、フリーランスに依頼する場合は、連絡が途絶えるリスクがあるため、最初は影響の少ない小さな仕事（例えばバナー作成）を依頼し、コミュニケーションのテストをしながら徐々に大きな作業を依頼するようにするとよいでしょう。

もし連絡が途絶えたり、コミュニケーションに問題を感じた場合は、すぐに契約を解除して次の方を探しましょう。

問題のある方を放置していると、従業員やチームにも影響が出て、集客活動どころではなくなってしまいます。

日本の企業には根づいていない文化ではありますが、「ゆっくり雇って、早くやめてもらう」という姿勢がゴール到達には重要です。

フリーランスではなくても、昼間、会社員や子育て中の主婦に依頼するのもよい選択肢です。なぜなら、本業を持ちながら、副業を行える人は、時間や自己管理に優れているため、優秀な方が多いからです。

副業ゆえに時間の融通が利きにくいというデメリットもありますが、約束を守らず、コミュニケーションも難しい方に悩まされるよりははるかに賢明な選択です。

適切な作業者を見つける

クラウドワークスやランサーズなどで作業をしてくれる方を探すにあたっては、必ずレビューを確認しましょう。評価が星4以上の人であれば問題ありません。

ただし、評価が星4つ以上でも、連絡が途絶えた、コミュニケーションができなかったなどのコメントがある場合は避けましょう。

また、星0でコメントがない場合は何かしらの問題がある可能性が高いため、そういった人には仕事を依頼しないほうが無難です。

そして、作業を依頼する上での最低条件は、あなたのゴールや計画に共感しているかどうかです。

もちろんコミュニケーションやスキルも重要ですが、それよりも、ゴールや計画への共感です。あなたの価値観の一部であるゴールや計画に共感を示さないのであれば、いくらスキルがあってもチームの一員として迎え入れてはなりません。遅かれはやかれあなたの頭痛の種になり、足を引っ張ることになるからです。

107

2　顧客視点でネットとリアルでハイブリッドに考える

ネットだけで信頼は築けるのか？

　あなたは SNS を含めてネットだけで集客を実現することにこだわっていませんか？　ネットは現代のビジネスで重要なツールですが、ネット上だけで信頼を築くのは、時に難しい場合があります。

　見込客に行動を促すためには、信頼が不可欠というのは何回も伝えている通りです。ご存知の通り、ネットには虚偽情報や詐欺が蔓延しており、常に信憑性が疑われている状態なのです。

　また、日本の消費者は欧米諸国と比べて、ネットやリアルにおける他者への信頼度が低いというデータもあります。こうした背景の中で、リアルの接点を持たずにネットだけで信頼を築こうとするのはオンラインマーケティングの上級者でない限り、困難です。

　弊社も、バーチャルチームを活用してネット中心でビジネスを行っていましたが、企業訪問やリサーチ、セミナーの実施を通じてリアルな接点を増やし、その後にオンラインでフォローアップを行うことで、明らかに契約までのスピードが速くなりました。

　この結果を裏づけるデータとして、Salesforce 社の調査があります。オンラインだけでのやり取りから商談に至る確率は 18.5% に対し、リアルで会った場合の商談化率は 40% と、2 倍以上の差があるのです。

　ネットだけでどこでも稼げるという理想に憧れてフリーランスとして独立した人々が、なかなか集客できず、サラリーマンに逆戻りしてしまう理由の 1 つは、ネットに過度な期待を持ちすぎているからかもしれません。

リアルでも売れないものはネットでも売れない

リアルでは、お客様は実際に自社の商品やサービスだけではなく、「社長自身」の存在を目の当たりにするため、自然と信頼を築きやすくなります。しかし、ネットの場合は本当に存在しているかどうかさえ怪しいときがあります。

なので、リアルの場合は、商品のお試しから信頼を築いていくステップもネットに比べれば比較的容易です。

逆に言えば、リアルで信頼を得られないものをネットで売るのは非常に難しいということです。イベント開催、チラシ、ダイレクトメール（DM）、書籍などは、信頼を構築するためのリアルでの効果的な手段です。

コロナが収束した今こそ、ネットとリアルを組み合わせたハイブリッドなアプローチが見込客との信頼を築き、売上を最大化する武器になります。

ではなぜ、リアルとネットの両方からアプローチすることが、見込客との信頼を築きやすいのかというと、接点（タッチポイント）が増える分、見込客との関係を強化できるからです。

ネットでは24時間いつでも対応が可能ですし、見込客の行動履歴や興味・関心をデータとして収集し、それらを元に次の施策を打てます。

一方で、リアルではお客様が販売サイドから直接話を聞き、商品やサービスを実際に手にとって試してもらうことができます。

ネットでの購入に慣れている方もいれば、そうでない方もいます。このため、現代においてはリアルとネットの両方に対応することが顧客体験の質を向上させるための必須事項と言えます。

ここで現状把握の際に作成したマップを見直してみましょう。ステップの中にリアルな施策はありますか？　無理にリアルの施策を

【図表18　ネットのみの顧客とハイブリッドの顧客の価値の比較】

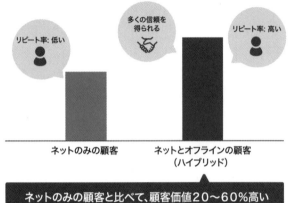

て、さらに見込客との接点を増やして信頼を築くことはできないか考えてみましょう。

　ネットだけで「億を稼ぐ」と主張している起業家たちでさえ、集客活動こそネットですが、セールスはリアルの説明会にして成約に結びつけているケースがほとんどです。

　販売する商品の価格が高くなればなるほど、より多くの信頼が必要となり、ネットだけでは信頼を築くのが難しくなります。

　ネット上のみで関係のある顧客よりも、ネットとオフラインの両方でハイブリッドな関係を持つ顧客のほうが、長期的に見ると20〜60％も高い価値を生み出す傾向があるというデータも存在します（図表18）。

　次は競合他社のマップを見てみましょう。ネットとリアルをうまく活用しているステップはないでしょうか？　自社に取り入れられそうな施策はありませんか？

　それでもイメージが湧かない方のために、リアルとネットを活用

第4章　集客プロジェクトを立ち上げる「魔法のSTEP ②:Launch(立ち上げ)前半」

【図表 19　ハイブリッドアプローチの王道パターン】

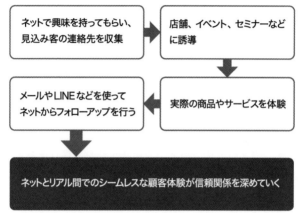

したアプローチの王道パターンを紹介しておきます(図表 19)。

はじめにネットで興味を持ってもらい、見込客の連絡先を収集します。その後、店舗、イベント、セミナーなどに誘導し、実際の商品やサービスを体験してもらうのです。

商品やサービスを体験してくれた方へメールや LINE などを使ってネットからフォローアップを行い、ネットとリアル間でのシームレスな顧客体験が信頼関係を深めていきます。

先駆者からハイブリッドアプローチを学べ

実は、あなたも気づかないうちに、このハイブリッドな顧客体験を得ているかもしれません。なぜなら、すでに大手企業は本項で解説したような手法を取り入れているからです。

・ヨドバシカメラの例

EC サイト「ヨドバシ・ドット・コム」と実店舗の価格を統一し、オンラインとオフラインの垣根をなくしています。店舗での商品撮

影を自由に認め、顧客を EC サイトへ誘導する仕組みを整えています。ポイントプログラムもネット・リアル共通で利用でき、どちらでもポイントを貯めたり使ったりすることが可能です。店舗で商品を確認し、EC で購入する、またはその逆も可能で、顧客の利便性を最大限に考慮しています。

参考：https://www.nikkei.com/article/DGXNASFK2403F_U3A120C1000000/

・資生堂の例

　オンラインで肌診断を実施し、その結果を店舗での接客に活用するなど、オンラインとオフラインを連携させたパーソナライズな体験を提供しています。

　ビューティーコンサルタントによるオンライン接客も導入し、顧客がどこからでも専門的なアドバイスを受けられる仕組みをつくっています。診断結果を顧客情報として蓄積し、それをもとにパーソナライズされた情報発信を行い、顧客との長期的な関係を築いています。

参考：https://brand.shiseido.co.jp/news-beautyalivecirculationcheck.html

・中国のスーパーマーケットの例：

　店舗の商品にバーコードを表示し、顧客はスマホでそのバーコードを読み取って、アプリの買い物かごに商品を追加できます。

　レジではスマホを見せるだけでキャッシュレス決済が完了し、購入後は 3km 以内であれば 30 分以内に無料で商品が配送されます。

参考：https://ftsafe.co.jp/blog/china-mobilepay5/

　紹介した会社は顧客満足度が高いと言われている会社です。もちろん、ここまでする必要はありませんが、自社のリソースでできることから取り組めばよいのです。

　ここで伝えたいのは、ハイブリッドな顧客体験が顧客満足度を向

上させたという事実です。ハイブリッドアプローチで集客を実現するために最低限押さえておきたいポイントは次の通りです。

・ネットとリアルの集客メッセージ・サービスの一貫性
・顧客情報の統合と活用
・リアル（店舗）とネットで相互送客
・パーソナライズな顧客体験の提供

　ここまでハイブリッドアプローチについて解説してきましたが、結局のところ、どんなにネットとリアルを併用しても見込客との信頼関係が築けなくては集客にはつながりません。そこで信頼関係を加速させるための質問を紹介します。

　理想のお客様の願望を最短かつ簡単に達成させられるものは何か？

　この質問の答えをベースにした施策を継続していけば、見込客にとってあなたは唯一の解決策に見えるのです。他社へ流出してしまう可能性も減るでしょう。

　結果として顧客満足度が向上し、ビジネスのブランド価値も一層高まっていきます。

3　「触れる」、「伝える」、「売る」の３ステップで新規客の感情を捉える

信頼構築は、最初が肝心

　集客メッセージは、その言葉の通り集客に効果的なものです。なので、そのままセールスに使ったり、リピートを促進するためのメッセージとして使っても効果は限定的です。見込客がどのステップにいるかで、効果的なメッセージは変わってきます。

　あなたのビジネスがどれだけ市場に認知及び信頼されているかに

よっても、効果的なメッセージは異なってくるということです。

たとえば、NIKE は強力なブランド力を持っているため、製品を売る際に多くの説明を必要としません。NIKE が新しいシューズを SNS やウェブサイトなどで紹介すると、大げさなマーケティングを行わずとも自然に話題になります。材質や見た目がほぼ同じでロゴが入っていない安価なシューズではなく、多くの人が高価な NIKE のシューズを選ぶ理由は、NIKE ブランドに対する強い信頼感があるからです。

NIKE というブランドへの信頼と認知度により、他のブランドよりも高い価格で商品を提供しても、顧客は喜んで購入します。つまり、NIKE の強力なマーケティング力の本質は、ブランドそのものへの信頼と認知度にあるのです。

一方、多くの中小企業はここまでのブランド力を持っていない場合が多いでしょう。そのため、あなたが考えているよりも多くのことを市場に向けて発信していかなくてはなりません。もし、見込客が自社のビジネスを知らなければ、まず知ってもらうことから始めましょう。

ブランドは言い換えれば信頼の積み上げです。商品やサービスを試しをしてもらい、僅かでもポジティブな顧客体験を与えることができれば、少なからずとも信頼を得ることができます。自社のことをただ知っている状態と比べれば、あきらかに購入に結びつきやすいです。

見込客がどのステップにいるかを見極め、ステップに合わせた適切なコミュニケーションを行いながら、購入やリピートに導いていくのです。

「知る、好きになる、信頼する、試す、購入する」という複雑なステッ

114

【図表20 見込客のステップに合わせてメッセージが変わる】

プではなく、実践しやすい「触れる、伝える、売る」というシンプルな3ステップでメッセージを考えていきます（図表20）。

触れる

顧客に触れるとは「知ってもらう」こと。これは「初対面」に相当し、広告やSNS投稿、イベントなどを通じて接触する場面が該当します。第一印象が肝心です。ただの認知ではなく、見込客の関心を引き、興味を持ってもらわねばなりません。

理想のお客様をベースに作成された集客メッセージがここで生きてくるのです。

手間暇かけて集客メッセージをつくってもらった理由はここにあります。最初の段階で無視されてしまえば、見込客がお客様になる可能性は非常に厳しくなります。

伝える

次に、好きになってもらい、信頼してもらうために「伝える」段

階に移ります。特に、まだ認知が低い場合には、信頼してもらうための情報をしっかり伝えましょう。

この段階における見込客は、次のような疑問や不安を抱えていることが多いです。

・なぜあなたでなければいけないのか？
・なぜあなたから購入しなければならないのか？
・なぜ今買わなければならないのか？
・その商品を買った後、どんな未来が待っているのか？
・他の似たような商品と何が違うのか？
・本当にこの商品やサービスを使えば、今抱えている問題や課題が解決できるのか？
・願望に近づくのか？
・騙されることはないのか？

「伝える」では、これらの疑問を、1つずつ丁寧に解消していきます。1つでも解決されず、疑念が残っていれば、見込客はお財布からお金やクレジットカードを取り出すことはないでしょう。

すでにブランドが確立されている会社は、疑問に対する答えが証拠とともに市場に浸透しています。

前述したNIKEのように「新製品が出ました！」という簡単なメッセージを発信するだけでも、ある程度は売れてしまうでしょう。

しかし、多くの商品やサービスはそうはいきません。そのため、「新製品が出ました！」だけでは「これ本当に効果あるの？」、「怪しい」と疑いの目を向けられないように疑問を払拭するようなメッセージとその証拠を用意します。

証拠には、お客様の声や、メディアや第三者からの評価、自分自身の体験談などをストーリーベースで伝えなければなりません。

116

第4章　集客プロジェクトを立ち上げる「魔法のSTEP ②：Launch（立ち上げ）前半」

　見込客に「自分事」として捉えてもらえるようなメッセージを伝え続けることで、見込客の注目を集めることができるわけです。

　競合他社リサーチで収集したいくつかの会社のランディングページのスクリーンショットを見てみましょう。基本的に内容は長いものが多いはずです。これは出会ったばかりの見込客が抱えている疑問を払拭し信頼を得て、次の購入ステップへ進んで欲しいからです。

売る

　最後は試してもらい、購入に導く「売る」の段階です。売上を上げたいのであれば、このステップを整えなければなりません。顧客が「今買わないと損だ」と思う魅力的なオファー、割引、ワクワクするようなキャンペーンを用いて、お試しや購入に導きましょう。

　「売る」という行為が苦手であっても、ここまでの「触れる」、「伝える」のステップを踏んでいれば、相手から「欲しい」という状態になっているはずなので売り込みをせずとも売れるはずです。「伝える」を省いた瞬間、「売る」のハードルは一気に高くなります。

　「触れる」、「伝える」、「売る」というステップは、段階的に見込客との信頼関係を築く鉄板のパターンとも言えます。自社のブランドの認知度によっては、信頼を築くのに時間がかかるかもしれません。これらのステップを踏めば、信頼も得やすいです。

　たとえば、デートで訪れた景色がキレイな高層ビルの美しいレストランで提供されるコーラが1,000円以上でも、高く感じないのは、それ相応の価値が感じられる背景情報（コンテキスト）があるからです。

　好きな人とのデート、景色がキレイな高層ビルの美しいレストラン、飾り、おしゃれなグラスなど価値を支える背景情報がそこには

117

存在します。多くの方が省きがちな「伝える」というステップで、背景情報を見込客に浸透させていくのです。

「伝える」が中長期的なビジネスを築く

　もちろん、すぐに商品が欲しい見込客もいますので、「伝える」のステップを踏まずに「触れる」、「売る」というステップで購入が成立する場合もあります。

　「伝える」というステップを踏んだ見込客と、踏まなかった見込客を比べると、「伝える」というステップを踏んで販売者との信頼を築いた見込客のほうが、購入の次の段階であるリピートや口コミに至りやすいという調査結果もあります。

　中長期視点で見ると、「伝える」というステップで見込客との信頼をしっかり構築することが安定につながるのは言うまでもありません。

　「伝える」がしっかりできていれば、最適な購買状態が整い、ほんの少し背中を押すだけで、びっくりするぐらい簡単に売れてしまいます。もし「売る」のステップで見込客から多くの質問が出てくるということは、「伝える」が不十分というシグナルです。

　「触れる、伝える、売る」というマーケティングの本質は、どのSNSやメディアを使っても変わりません。常に、見込客の状態やステップに合わせて「伝える」メッセージを調整していきましょう。

4　狙っている感情、行動から逆算して集客コンテンツを配置する

「何を使うか」ではなく「何を感じてもらうか」

　見込客に対して最適なアプローチを取るために、どの媒体やツー

第4章　集客プロジェクトを立ち上げる「魔法の STEP ②：Launch（立ち上げ）前半」

【図表21　「触れる」、「伝える」、「売る」に対応する媒体やツール】

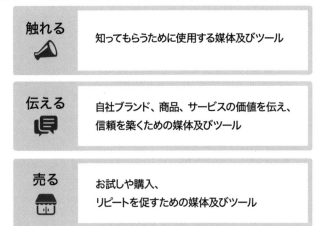

ルを使うのがベストでしょうか？　多くの企業は、「何を使うか」から施策を決めてしまいがちです。それでは見込客に、臨んだアクションを促すことは難しくなります。というのも「何を使うか」は見込客にとってどうでもいいことだからです。

集客へつなげるには、見込客にどのような感情を抱かせ、どんなアクションをとる必要があるのか、そこから逆算して考えると、適切な媒体や取るべき施策が浮き彫りになっていきます。

前述した「触れる」、「伝える」、「売る」のステップを使って考えてみましょう（図表21）。

図表22に、ステップごとにどのような媒体が適しているのか紹介します。ただし、自社に取り扱っている商品やサービスによっては、紹介する媒体やツールが必ずしも最適ではない場合があります。

競合他社のマップを見て、各段階で使っている媒体やツールをか分析し、自社に合っているか確認してください。

119

【図表22　段階と媒体、媒体の説明に対する対応】

媒体	特徴	コスト	使用難易度
各種SNS	**触れる** の段階で非常に効果的。特に広告を使った場合は、認知を広げたり、ターゲット顧客に素早く接触可能。	低コストだが、定期的なコンテンツ制作による時間と労力が必要。広告を出せば時間と労力からは多少解放されるが、その分、コストは高くなる。	自社で運用可能だが、コンテンツ制作や広告運用には専門知識が必要。毎日と言っていいほど変更頻度が高い画面や機能に付き合っていかなくてはならない。
LINE	**伝える** で有効。日本ではインフラとなっているので特に親しみやすく、即時性が高いコミュニケーションツール。見込み客とのリアルタイムな対話やプロモーションの告知に最適。長文や送信頻度が高いとブロックされやすい傾向があるため、信頼を築くにはコツがいる。	公式アカウントの運用には送信するメッセージ数に応じて、費用が発生する。信頼構築がしやすく、友だちの人数が多ければ、投資対効果は高い。	基本的なメッセージの送信は容易。しかし、リッチメニューや広告出稿、クーポン配布などの機能を最大限に活用するためには、専門的な知識が必要
メール	**伝える** で有効。30年以上前から変わらず使われ続けている鉄板のマーケティングツール。メッセージをしっかり「伝える」ということであればLINEよりメールの方が適している。長期的な顧客関係の構築に非常に効果的。個別化されたメールを通じて、見込み客の悩みや痛み、願望に直接訴えることができる。LINEと比較しても費用対効果が高い。	メール配信ツールやサーバーの利用料が発生するが、大量配信や自動配信の効率性を考慮するとコストパフォーマンスは良好。	メール配信ツールによってはテンプレート機能が利用できるため送るだけであれば簡単。見込み客をグループ分けし、パーソナライズされたメッセージをステップ配信しようとすると一気にハードルは高くなる
動画	主に **伝える** の段階で活躍。視覚的にメッセージを伝え、感情に訴えるのに最適。「触れる」、「伝える」、「売る」をカバーできる現代最強のマーケティングツール。	専門家に依頼した場合は高コストだが、自分のスマホで録画しveedなど月額2,000円程度の編集ツールを使って自作も可能。	自作でもできるが、プロフェッショナルな動画制作は専門家に依頼することをオススメする。

第4章　集客プロジェクトを立ち上げる「魔法の STEP ②：Launch（立ち上げ）前半」

媒体	特徴	コスト	使用難易度
DM（ダイレクトメール）	**触れる　伝える　売る**　すべての段階で活用可能。すでに接触済みの見込み客や既存客に手書きなどで個別感のあるメッセージを送ることで高い反応率を期待できる。	デザイン、印刷、郵送費用。	顧客名簿の管理やデザインに手間がかかるため、専門家のサポートがあっても良い。
チラシ	**触れる　伝える**　で有効。地域密着型のビジネスや特定のターゲットに効果的。	印刷費用がかかるが、比較的安価。もちろん業者による。	デザインスキルが必要だが、CANVA などのテンプレートを活用すれば自社で作成可能。
電話	**触れる　伝える　売る**　すべての段階で活用可能。見込み客や既存客に直接アプローチし、上手くいけば短時間で信頼を築ける。とくに BtoB の新規開拓では市場からのフィードバックがリアルタイムで得られるため今でも鉄板のアプローチ。	オペレーターの人件費、結果がでるまでの時間	自社でやる場合はオペレーターの訓練が必要。営業代行サービスなど外注に依頼する場合は、信頼できるパートナー企業を見つけるのが非常に難しい。
LP（ランディングページ）	**伝える　売る**　で非常に効果的。見込み客を一つの行動に集中させ、購入などの次のステップへ誘導する。WEB 集客の要	デザインやコピーライティングを専門家に依頼すると高コストだが、テンプレートで作成も可能。	LP 作成支援ツールなどを使って、自社で作成可能。しかし集客や売上を最大化するためにはデータ分析からテスト、最適化が必須。ただ作るだけでない結果ベースの実績のある専門家に依頼するのが吉。

121

媒体	特徴	コスト	使用難易度
アフィリエイト	**触れる** **伝える** **売る** 「触れる」、「伝える」、「売る」のステップを自社以外の誰かに行ってもらう。他社経由での売上に基づいてこちらが支払う報酬が発生。	成果に応じて報酬を支払うため、初期費用はほとんどかからないが、長期的には高額な報酬が発生する可能性もある。	アフィリエイトネットワークを利用することで比較的容易に開始できるが、効果的な運用にはアフィリエイターの監視と管理スキルが必要
ブログ	**触れる** **伝える** に有効で、見込み客にとって価値と感じる内容であれば、最適な購入状態にもっていきやすい。結果がでるまでには、それなりの期間と労力を覚悟。	自社で運営する分には低コスト。専門的なコンテンツ作成やSEO対策には専門家へ投資が必要。	ただ投稿するだけであれば簡単。ただし、見込み客にとって価値のあるコンテンツを企画し継続的に投稿するには専門知識だけでなく社内の時間とリソースが求められる。
口コミ・紹介	**売る** の後の段階で、リピートや広告を使わずに新規を獲得する手法として最も強力。自社ではない第三者の評価が直接信頼を築く。	基本的に無料だが、口コミや紹介を積極的にしてもらうためには仕掛けが必要。待っていても何も起こらない。	すでにお客様の期待を超える商品やサービス、顧客体験を提供できているのであれば、促すだけなので簡単。もしまだお客様の期待を超えられていないのであれば、商品やサービスだけに焦点を当てず、最高の顧客体験を提供するにはどうしたらよいか?顧客視点に立って考えてみよう。

　各媒体が「触れる」、「伝える」、「売る」において、どのように役立つのか把握できれば、競合の施策をより理解できるので、自社に応用しやすくなります。

　さらに、各媒体の役割を明確にし、適切な組み合わせを見つけることで、より効果的な集客プランを構築できます。それぞれの媒体の強みを活かしながら、一貫性を持ったメッセージを届けることが

第4章　集客プロジェクトを立ち上げる「魔法のSTEP ②:Launch（立ち上げ）前半」

欠かせません。

5　点と点をつなげる

施策を単体で終わらせるな

　「触れる」、「伝える」、「売る」をSNS単体で賄おうとしても、前述した通り、媒体ごとに向き不向きがあるので、適していなければ見向きもされません。

　フォロワーやコメントの多いSNSアカウントは、それだけで売り上げているように見えますが、実際そうではありません。

　表面的に見える部分だけを真似して「SNSだけやっていれば売れる」と勘違いしてしまう方が多いのです。集客や売上につなげている実際のところは、競合会社のお客様になって作成したマップが正解です。

　見込客をステップごとにいくつかの媒体を経由させることで、あなたのことを知らない状態からお客様になるまで、まるでエスコートするように導くことができます。

　見込客は一度の接触で購入を決断することはほとんどなく、何度も接触を重ねることで購入を決断します。この接触回数が多ければ多いほど、見込客は自社のことを好きになり、信頼を深め、行動を起こしやすくなるのです。

　これは心理学で「ザイオンス効果」と呼ばれていて、マーケティングにおいても強力な武器となります。

　見込客が次のステップへ進みやすい流れになっているか、マップを確認しながら改善を繰り返しましょう。

　マップに記された各施策がつながっていて、見込客を購入へ導いているか確認していきます。

123

【図表23　競合他社調査で作成したマップとフローの対応】

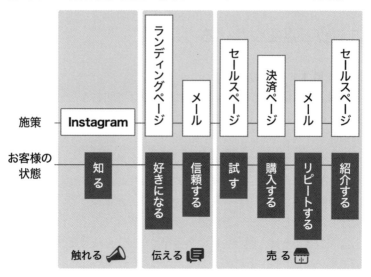

　まず、あなたのゴールを再確認しましょう。マップ上の施策と顧客起点のステップを対応させます（図表23）。

　対応させたマップを見直してみて、お客様の状態に合わせた施策になっているかチェックしましょう。

・各施策は、お客様の状態に合わせたメッセージを伝えているか？
・それらのメッセージは見込客を次のステップへ押し進めるものか？

明確な意図を持つ

　各施策に対して「なぜこれをやるのか」という明確な意図を持っていれば、求める結果が出なかったとしても、次の施策を用意が容易くなります。

第4章　集客プロジェクトを立ち上げる「魔法のSTEP ②：Launch（立ち上げ）前半」

　アンテナを張った状態で街中を歩けば、面白いように結果を出すためのヒントがどんどん集まってきます。

　逆に、「何のために行っているのか」施策の意図が明確でなければ、やってみたはよいけどよくわからなくなり、中途半端に止めてしまうケースも多々見てきました。これでは結果が出るものも出なくなります。

　明確な意図を持ち、施策を打ち続けることが結果を出すための最低条件なのです。

6　点を実現するすべての作業をリストアップ

作業リストを活用してプロジェクトを前進

　それぞれの施策を機能させるためには作業が必要です。必要な作業をリストアップすることで、作業の難易度やボリュームに応じて、自社で行うべきか、外部に任せたほうがよいか判断しやすくなります。

　また、誰が何をいつまでに行うかといった責任の所在を明確にできるため、プロジェクトもスムーズに進みます。

　すべての作業を自社で行わないとしても、どんな作業があるかはリストアップすべきです。特に、やったことがない作業に関しては内容がわからないこともあるでしょう。その場合は、Google検索やChatGPTなどを使えば、作業内容を簡単に把握することができます。

　ではリストアップする作業の粒度はどれくらいがよいのか？

　これについてはプロジェクトの規模によります。ただ共通して言えるのは「これならできそうだ！」と作業に明確なイメージを持ち、細かすぎず大きすぎないぐらいの作業に分けることです。

125

このバランスはモチベーションの維持に関わってきます。粒度が大きすぎると何をしていいかわからなくなりますし、リストが多すぎるとどこから手をつけてよいかわからなくなります。

「これ本当に意味あるの？」という一見ゴールには関係なさそうな作業をチームメンバーが見つけてしまうと、士気を下げてしまう可能性もあります。

特に、リソースが限られている中小企業では、無駄な作業や準備をする余裕はありません。すべての作業は、計画とゴールに結びついていますか？

作業内容だけでなく責任の所在を決めよう

残念な思い出を告白します。私が企業サポート駆け出しの頃、「これでいきましょう！」と双方合意の上、作業を進めたにも関わらず、次のミーティングでは「やっぱり違う」と思いつきで変更されるという苦い経験をしました。

ひどいときには「そんな話でしたっけ？」と記憶すら曖昧になっている。それも一度ではなく何度も。合意内容は議事録にも設計書にも反映されているのにも関わらずです。これではいくら計画を立て直しても先に進みません。本当に困りました。

無意味な作業は行いたくないので、作業をリストアップすることすらままなりませんでした。予想通り、そのプロジェクトは頓挫してしまいました。

もしかしたら、早い段階で作業をリストアップし、誰が何をやるか、責任の所在を予め明確にしていれば、違う結果になっていたかもしれません。

後からわかったのが、その取引先の経営者はビジネスに対する情熱がそもそも薄かったということです。彼はあるとき、「これは親

のビジネスだから、自分のビジネスじゃないので情熱はない」とこぼしていました。こんな状況だといくら作業をリストアップして責任を明確にしたとしても、プロジェクトは頓挫するのが目に見えています。情熱の重要性に気づかされたストーリーだったので共有させてもらいました。

とはいえ、情熱があったとしても作業のリストアップが不十分で、責任の所在が曖昧なままでは、何も進展せず、計画倒れになるケースも多々あります。

自社のマップの内容を実現するための具体的な作業計画は、ゴール達成を強力にサポートしてくれるでしょう。

7 必要なものを準備する

準備不足が命取りに！ 計画を現実に変える

ある小売店の話。TV取材を受けたことで、ネットショップのアクセス数が急激に伸び、今まで何百しかなかったアクセス数が一気に何万にもなりました。しかし、事前に準備ができておらず、ネットショップは、TVを見た人に対して最適な状態ではありませんでした。

どういうことかというと、TVを見てネットショップにアクセスした見込客は「このページはさっき紹介されていたお店のページで本当に合っているのか？」と違和感を感じたということです。

TVで見たお店に対する期待とネットショップから感じた違和感にギャップが生まれてしまった結果、数万人もアクセスがあるのにも関わらず販売できたのは数件という悲惨な結果だったのです。

準備を怠ったことで、せっかくの売上を棒に振ってしまったのです。準備が不十分であれば、どんなに優れた計画があったとしても

実現は難しくなります。

　では計画を「机上の空論」に終わらせないためには、どうすればよいでしょうか？

　その答えは、今まさに必要なものだけを準備することです。

　今まさに必要なものとは、作業リストの内容に基づきます。集客においては、SNSやランディングページ、チラシ、広告、メール、それらのライティング、デザイン、設定などが該当します。

　さらに、これらの作業を遂行するためのスキルを持ったメンバーや外部の専門家を確保する必要があります。

　そして、「必要なもの」をいつまでに準備をすればよいのかを考えましょう。

　市場に出す2か月前くらいからリソースを確保し、「必要なもの」を揃えていくのが無難です。いかに短期間で市場に自社の商品やサービスを投下できるかが、勝敗を左右します。

　「完璧を目指すより、まず市場に出す」

　よいか、悪いかを決めるのは、販売者ではなく市場そのものです。初期段階で完璧を目指す必要はなく、むしろ早い段階で市場からのフィードバックを元に修正や改善を加えていかねば、永遠に市場に受け入れられることはありません。

　たとえば、SNS広告を使って新規集客を行うケースの場合、まず必要最低限のコンテンツを準備し、企画の段階で1～2週間程度でテストマーケティングを実施し、市場にアプローチします。そして、収集したデータを元に、ランディングページや広告を改善し、内容を市場が求めるものに合わせていくのです。

第5章

いざ！　効果的な集客戦略「魔法の STEP ②：Launch（立ち上げ）後半」

1　なぜ役割、目標、振る舞いが重要なのか？

ステップを実現するために役割、目標、振る舞いを定義する

　外部の協力を得てプロジェクトを円滑に進めるには、具体的に明確に伝えることが肝心です。計画の内容を十分に伝えたと思っていても、こちらが期待しているほど理解できていないことは往々にしてあります。

　彼らは「理解している」と言うでしょうが、でき上がった成果物を見れば一目瞭然。「理想のお客様が無視されている」「背景情報が反映されていない」と感じることが多々あります。

　同じ社内でさえも、意図を伝えきれずに誤解が生じることなんて日常茶飯事ではないでしょうか。各ステップを確実に実現し、作業の手戻りを防ぐためには、マップの各ステップにおいて「役割」「目標」「アクション」を定義し、深掘りする必要があります。

　各ステップははただ存在しているのではありません。見込客を次のステップに押し進める目的があります。各ステップは、どんな役割があり、その役割に応じた目的がどう決まるか、そしてその目的を達成するためにどのような振る舞いをすべきか。

　これらをしっかり定義することで、社内はもちろんのこと外部の方もより理解が深まります。

各ステップの「役割」「目標」「アクション」とは

〈役割〉

　ページや施策が果たす機能。たとえば、見込客を集めるページなのか、購入を促すページなのか、ブランド認知を高めるページなのかを明確にします。

〈目的〉

　ページや施策で達成すべき目的です。メールアドレスを集める、製品の購入を促す、または登録者数を増やすなど、数値で追える目的を設定します。

〈振る舞い〉

　目標を達成するために見込客がそのページや施策で取るべき具体的な行動です。

　ボタンをクリックする、フォームに入力する、製品を購入するなど、明確な行動指示をデザインします。

　「SNS から知ってもらい、ランディングページを経由してメルマガに登録してもらう」というステップについて考えてみましょう。

　SNS の役割は、ランディングページにアクセスを集めることです。目標は、プロフィールにあるランディングページへのリンクのクリック数。振る舞いは、投稿のキャプションを読んでもらい、リンクへ飛んでもらうように促し、リンク先のページにアクセスさせることです。

　次に、ランディングページを見てみましょう。役割はメルマガに登録してもらうページです。目的はメルマガ登録そのもの。振る舞いは、フォームへの入力です。

　では、これらをどのように決めればよいのでしょうか？

〈役割を確認〉

　マップを見て各ステップの役割を確認することです。

〈目標を設定〉

　各ステップで達成すべき目標を明確にすることです。何をもってうまくいったのかわかるように、具体的な数値目標を設定します。

　前述の例で言えば、SNS からランディングページへのアクセス数やメルマガ登録者数に対して目標値を決めるということです。

〈振る舞いを決める〉

目標を達成するために、ページや施策を通じて見込客に取ってもらいたい行動（振る舞い）と定義します。

もし、どのような振る舞いを見込客に取らせたいか見当もつかないなら、競合リサーチの結果を見直してみましょう。競合会社のマップの各ステップで「役割、目標、振る舞い」はどのような定義がされているのか。

この観点をもとに、競合会社のマップを分析すれば、自社のマップに応用することができるでしょう。ちなみに目標数値は内部の方でないとわからないでしょう。

マップの全ステップに「役割、目標、振る舞い」が定義できれば、見込客が、こちらが意図する行動をとってもらうためのデザインを完成します。

いくらお金をかけて綺麗なデザインや動画などのコンテンツを用意しても、「役割、目標、振る舞い」が定義されてなければ、見込客は一体どういった行動をとればよいかわからず、「なんかデザインがすごいページだなぁ」で終わってしまいます。見込客は依然として見込客のままになるでしょう。

2 集客コンテンツの役割を決める

役割を明確にする

各ステップの役割を決めていきましょう。

割とは、マップ上に存在するステップが「何」を達成するために存在しているのか、つまり目標に応じた役割です。

たとえば、ステップが Web ページであれば「メールアドレス獲得ページ」として役割を与えてあげましょう。

役割が明確でないものは、目的を持たずにただ存在するだけのモノになってしまいます。社長は存在意義がないものに投資したいですか？　フォロワーは多いけど集客や売上ゼロと嘆いているSNSアカウントがその典型です。ただなんとなくでやっているだけでは何も成し遂げられません。

3　集客コンテンツの目標を決める

シミュレーションで結果を出す

役割が決まったら、次は各ステップに対して目標を決めていきましょう。

おさらいになりますが、各ステップの目標とは、見込客に特定の行動をとってもらい次へのステップへと進んでもらうことです。

たとえば、見込客を集めるランディングページなら、メールアドレスの登録やLINEの友だち追加、資料請求といった具体的な行動が目標となります。

あれもこれもと1つの役割に対して複数の目標を持たせることはせず、1つの役割に対して目標は1つであるべきです。なぜなら目標が1つであれば、見込客に対してたった1つ行動を促せばよいからです。後々、計測するときにも楽になります。

目的を数値で具体化する

目標設定はここで終わりではありません。「どういった状態になれば目標が達成されたのか」を決めます。たとえば、メールアドレスを3件獲得すれば目標達成とするのか、それとも100件なのか。ゴールに到達するためには、各役割においてどれくらいの数値が必要か、シミュレーションを行いましょう。

133

過去のデータから逆算して計算すれば、設定すべき数値目標は見えてきます。もしデータがなく、新たに始める場合でも、業界の標準的な指標をネットなどで調べることができます。

　もちろん、業界の指標が完全に当てになるわけではありませんが、目標がなかったり、あてずっぽうで適当に設定した目標よりは、100倍マシです。

　では実際に数値目標を設定していきましょう。「月の売上100万円を達成する」というのが自社のゴールだったとします。ゴールに設定した売上を実現するためには何件の販売が必要か数値に落とし込んでいきます。仮に10万円のサービスを取り扱っていた場合は10人に対して販売を成立する必要があります。

　では10件の販売を成立するためには何人を販売のステップへ連れてこなくてはならないでしょうか?

　10人中10人に対してセールスし、全員が購入するというケースは稀です。自社の成約率は何%でしょうか?

　次に販売機会を得るためには、どれくらいの人数に対してのアプローチが必要でしょうか?

　100人にアプローチをして、10人に対して販売機会を得られたのなら商談化率は10%ですよね。成約率も含め、これらの指標はここ1年以内のデータで計算すると精度が極端に落ちません。

　各ステップでゴールから逆算しながら目標や指標を確認していくと、最終的に「これだけ売上を上げるには、最低限これくらいの人数に知ってもらわなければならない」という各ステップに必要な目標数値が見えてきます。

　たとえば、目標とする売上を達成するために販売ページに1万人の訪問者が必要だとシミュレーションできたとしましょう。現時点ではSNSからの訪問者が100人弱しかいないとすれば、残りの

9,900 人を集めるにはどうしたらよいでしょうか。

今行っている施策とは別の施策を検討する必要があるかもしれません。現在のリソースだと投稿数を増やすのは非現実的なので、広告を使って訪問者が増えるか確認してみるなどの、戦略的な施策を考えることができるようになります。

ゴールにたどり着くためには、各ステップの目標達成が前提条件です。目標が達成しているのにも関わらず、ゴールに近づいていないのであれば、定義した「役割」や「目標」が間違っている可能性があるので見直してみましょう。

4 集客コンテンツの振る舞いを決める

「振る舞い」をどう設定するか？

役割と目標、そしてどれくらいの数値になったら目標を達成したとするのか決めてきました。最後に、見込客がどのような「振る舞い」をすれば目標を達成するかを明確にしていきます。

「振る舞い」と言ってもイメージがつきづらいと思うので例をあげます。たとえば、LINE を使って来店を促すクーポンを送りたいとしましょう。そのためには、まず LINE 登録を増やす必要があります。そこで、LINE 友だち登録用のキャンペーンページをつくりました。そのページの役割は「LINE 友だちを増やすページ」、目標は「LINE 友だちの追加」になります。

では、この目標を達成するためには何が必要でしょうか？

そのページで LINE 友だち追加のボタンを押してもらわなければ、目標は達成されません。もしボタンを押さずにページを閉じられてしまったら、役割も果たされず、目標も達成できません。この事実に気づくことで、LINE 友だち追加のボタンを押してもらうためだ

けにページの構成をすればよいということがわかります。

　振る舞いを決める際にも、マップを作成したときに参考にした「うまくいっている競合」をウオッチするのが効果的です。目標を達成するためにどのような「振る舞い」をしているのか？　そこから多くのヒントが得られるはずです。

　「振る舞い」を通じて、目標達成までの数値がカウントされるトリガーを計測対象にします。

　たとえば、LINE 友だち追加の場合、友だち追加ボタンを押すことがカウントの起点、トリガーになります。

外部委託をする最適なタイミング

　外部に依頼する適切なタイミングは、外マップ、各ステップの「役割・目標・振る舞い」が決まったときです。なぜならゴールに到達するためのマップ、各ステップの「役割、目標、振る舞い」に対する明確な説明を自分以外の人にできる状態になっているからです。

　この段階まで至らずに外部に依頼すると、目的が曖昧なままプロジェクトが進行するので、気づけばお金と時間だけがなくなっていたという悲惨な状況に陥ります。

　これが外部委託する際の主な失敗原因の1つです。「具体的な結果が欲しいなら具体的な目的、目標をつくれ」というのが支援する側の本音です。

　計画から役割、目標、振る舞いの策定は、できる限り自社で行い、自社のリソースでは賄えないコンテンツの作成などは外部に委託するのがよいでしょう。

　このように自社が戦略的な部分の手綱をしっかりと握ることでプロジェクト全体を効果的に管理でき、結果に対するコントロールがしやすくなります。

5 マップ BtoC: ネットとリアルの複合パターン

見込客をリピーターに育てる最短ルート

いち早く結果を出すには、単に競合をリサーチして模倣するだけではなく、すでに効果実証済みの王道パターンを取り入れるというのも手っ取り早い方法です。

ネットのみで完結させるよりも、リアルを併用したハイブリッドアプローチのほうがよりよい顧客体験を与えることができ、結果、信頼を築きやすいということをお伝えしました。そこで、すぐに実践できるように「ネットとリアルのハイブリッド王道パターン」を紹介したいと思います。

BtoC ビジネス、つまり消費者向けの比較的安価な商品やサービスを提供している場合、このパターンは効果的です。

BtoC 集客の基本パターン

図表 24 は、見込客が自社のことを知らない状態から、新規客、さらにはリピーターへと育てるための王道のパターンです。

見込客との関係の始まりである SNS 広告は単に見込客に知ってもらうためだけの手段ではなく、その次のステップであるランディングページへのアクセスを促すことが目標です。

ランディングページでは、顧客に興味を持ってもらい、最終的にはメールや LINE に登録してもらいます。このようにして、顧客とのコミュニケーションが可能な状態をつくり、信頼を構築しやすくします。

新規集客に苦戦している方は、すぐに購入のステップに導くよりも 1 つハードルを下げた、「お試し」のステップを設けてみてくだ

【図表24　BtoC集客の基本パターン】

BtoC集客の基本パターン

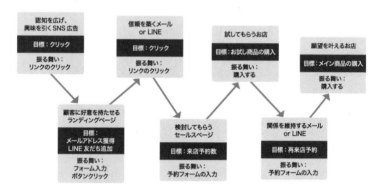

さい。

　たとえば、無料の試供品や通常より安い価格でのトライアルサービスを提供することで、初回購入のハードルを低くし価値を体感してもらうのです。この「お試し」ステップは、新規客を獲得しやすい施策なので、ぜひ取り入れてみることをおすすめします。

　顧客をリピーターに変えるには、明確な仕掛けが必要です。たとえば、ネットからクーポンやギフトカードを提供し、それを店舗のみで使用できるようにする方法が考えられます。

　顧客リストが増えてくれば、購入データやアンケートなどから、顧客の興味や関心に基づいてグループ分けし、それぞれに適した商品やサービスを案内することもできます。これまで無視されていたアプローチも効果を発揮するようになるでしょう。

顧客体験が自社の商品やサービスの魅力をパワーアップさせる

　いきなりSNSなどから販売しようとするのではなく、まずは知っ

てもらい、興味を惹き、好きになってもらい、信頼を得る。このステップをすっ飛ばしてしまうと、見込客は新規客になる前に離れていってしまいます。

これらのステップを踏んで、顧客が「この人は私が抱えている問題を期待を上回る結果で解決してくれた！」という段階にまで到達すれば、リピート購入だけでなく、紹介による新規顧客の獲得にもつながります。

これには商品やサービスだけの力ではなしえません。見込客の状態に応じた顧客体験とフォローアップが必要不可欠です。売りっぱなしにしていたら、リピーターもファンもできるはずがないのです。

6　BtoB向けマップ：ネットとリアルの複合パターン

決裁者、担当者ごとに変わる感情をどう捉えるか？

BtoCに続いて、次はBtoB向けの効果実証済みの王道パターンを紹介します。BtoBでは、より高額で説明が必要となる複雑な商品やサービスを扱うことが多いです。

そのため、「この商品（サービス）こそが自社の課題を解決してくれそうだという実感と信頼を得てもらうためのステップはBtoCよりもさらに重要です。

図表25は、BtoB集客の基本パターンです。

基本的な流れはBtoCと同じですが、企業によっては、商談や契約に至るまでさらにいくつかのステップを踏む場合があります。とはいえ相手が「企業」でも、信頼構築の重要性は大差ありません。

動画を活用した商品説明や、デモンストレーションを行い、自社に導入したときに、会社にとってどんなよいことがあるのか、明確にイメージできるようにします。やり取りする相手が決裁者ではな

【図表 25　BtoB 集客の基本パターン】
GA4での計測

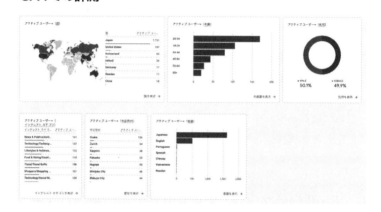

年齢、性別、地域情報（国、都道府県、市区町村）、言語、インタレストカテゴリ（興味・関心）など
さまざまなデータが確認できる

く一般担当者の場合は、決裁者につないでもらうのが第一の目標になるでしょう。

つい忘れがちですが、経営者と担当者が抱えている悩みと願望は、全く異なります。

たとえば、経営者にとっては売上アップが最重要かもしれませんが、担当者にとっては「業務効率を上げて早く帰りたい」「成果を上げて給料を上げたい」という個別の悩みがあるかもしれません。

こうした違いを理解し、相手に合わせて、異なるメッセージを伝えると反応も変わってきます。社長向けのプレゼンテーションを従業員が聞かされても全く響かず眠くさせてしまうだけなので注意が必要です。同じ会社とは言えど、現実が違うことを理解しましょう。

また、BtoB 集客では鉄板になっている FAX や DM、電話、勉強会、セミナー、展示会などのアナログな施策とネットの施策を組合わせ、

第5章　いざ！　効果的な集客戦略「魔法の STEP ②：Launch（立ち上げ）後半」

担当者との接点を増やし、印象に残る状態をつくりましょう。担当者を攻略できれば決裁者につないでもらいやすくなります。

　企業向けの商品は、販売者が考えている以上に、見込客に複雑なのです。ネットだけの一方向のアプローチでは伝わりにくいことがあります。だからこそ、できる限り早い段階で双方向のコミュニケーションを確立することが、契約を結びやすくする鍵となります。

7　うまくいっている会社を手本にして、1マイクロ秒よりも早く市場に出す

告知しなければビジネスとして存在していない

　ここまで Launch について解説してきました。PDCA の「Do」ではなく、なぜ「Launch」が重要なのか？　それは、時間をかけて計画し、完璧なものをつくったとしても、市場に出さなければビジネスは動かないからです。

　すべては我々ではなく、理想のお客様と競合他社が存在する市場が決める。

　限られた時間の中で、いかに効率的にゴールにたどり着き、目標を達成するかは、市場にどれだけアプローチしたかにかかっています。言い換えれば、打席数が重要なのです。

うまくいくかどうか考える前に市場に出す

　ここで、過去にチームメンバーとして参画していたプロジェクトの話をします。ある BtoB 企業では、コロナなどの影響により事業全体が衰退してきたため、方向転換として新規事業を立ち上げることを決定しました。

　新サービスのアイデアを考える中で、彼らは「いつ市場に出す

141

か?」を考えず、ずっと自分たちの主観でサービスの議論を続けていました。そこには、誰に届けるのかというお客様という主人公がいませんでした。来る日も来る日もサービスについて話し合っているだけで、仕事をしているつもりになっていたのです。

市場に出さなければ集客もできず、売上も上がりません。そのプロジェクトを支援していたコンサルタントが、「いつから販売しますか?」と問いかけても、彼らは延々とサービスの話を続け、うまくいくかどうかの議論に終始していました。出さなければうまくいくかどうかもわからないのに、本当に無駄な時間を過ごしていると傍から感じていました。当時の僕はそんな立場ではないので何も言えませんでした。

そしていつの間にか、そのコンサルタントとの契約も切れる時期になりました。彼はその会社に対して見切りをつけたようで契約更新の提案もしなかったようです。

ここまでの時間やお金は小さな企業にとっては大きな損失です。早く市場に出していれば、方向転換の機会も得られたかもしれません。そこで、「動きながら悩め、考えろ」という教訓を得ました。

初めてのプロジェクトで計画の段階で見えないことが多いでしょう。しかし、実際に行動することで、見えなかった課題や問題が浮き彫りになり、ゴール到達への現実的な計画ができるのです。あなたが使っている Windows PC だってそうです。

大企業なのに、更新プログラムは不完全です。そして後から「ごめんなさい」と言って修正しています。酷いときには、大切なデータが戻らないことさえあります。iPhone や Android のアップデートも同様です。

ソフトウェア以外でも、車やスターバックス、コカ・コーラ、家電製品など、あらゆる業界でも市場に出してから修正するというこ

142

とをやっています。

　大企業でさえこのようなアプローチを取っているのですから、小さな会社であれば、むしろもっと柔軟に対応できるはずです。大企業はブランド毀損のリスクもある中で不完全な状態であっても市場に出しています。

　市場に出さなければ不完全なものも完璧に近づけられないことを知っているのでしょう。さらに何も市場に出さないことは、企業にとってリスクであり、失敗そのものであることも知っているのです。

販売市場にアプローチするまでの流れ

　ここで市場にアプローチするまでの流れをおさらいしましょう。
・ゴール、目標と理想のお客様を再確認する。
・うまくいっている競合を偵察し、マップを作成する。
・マップの各ステップに「役割」「目標」「振る舞い」を設定する
　作業をリストアップする
・社内で担当する部分と外部に依頼する部分など役割分担を決める
　チームを集める
・スピード重視で完璧を目指さずとにかくつくる
・市場に出す！

　つくること自体に満足して終わらないようにするには、「いつ市場に出すか」という期日を決めることが大切です。最初はざっくりでよいので、期日から逆算した大枠のスケジュールを立てましょう（図表26）。

　図表26の流れであればどうでしょうか？　慣れてくれば計画から販売まで1か月でできるでしょう。紹介したスケジュールであれば余裕を持って実行できるのではないでしょうか？

　立派な地図があっても握りしめたままスタート地点に立ち止まっ

143

【図表26　スケジュール】

ていては何も始まりません。

　店舗をもつB2C企業のY社の社長。さまざまな施策を試すも成果が出ず、新たな施策に手を広げすぎ、何をすればよいのか定まらない状態でした。まさに戦略なき拡大で成功を遠ざけていました。この状況を打破するため、どのように計画を立てたのか。

　まず現在地とゴールを明確にするため、調査・計画に1週間を確保。計画に時間をかけても成功確率は上がらないため、早く実行に移すことを最優先。テストマーケティングを2週間実施し、市場の反応を見ながら計画を修正。幸いにもゼロから仕組みをつくり直す必要はなく、既存施策を調整することで成果が見込めると判断。構築期間は2週間に短縮し、計画から販売開始まで約1か月半で実施しました。その後はテストと最適化を繰り返し、目標の数値に向けて精度を高めていきました。

　結果、前年比10倍以上の売上を達成する月もあり、平均でも前年比2〜3倍の成長を記録しました。成功のポイントは、早い段階で市場の声を反映しながら計画を修正したこと。目的地に向かうにはルートを決めることが重要ですが、決めたルートに固執すれば、嵐に巻き込まれ転覆する可能性もあります。だからこそ、市場の変化を見極め、柔軟に舵を取ることが求められます。まずは進むこと。進めばこそ、新たな道が開けるのです。

　ここまできたら見切り発車でもよいので、市場に出ましょう！

第6章

お客様になるまでの
ステップを計測する
「魔法の STEP ③：
Measure（計測）」

1 発売だけで満足した経営者は 100% 失敗する

結果を出すために欠かせない『計測』の力

商品やサービスを市場に投下できた瞬間、それだけで満足してしまう経営者の方も少なくありません。市場に出してから数か月後に「状況はどうなっているのか？」と従業員や外部の方に確認しても、何も変わっておらず、むしろ悪化している状況に落胆するのです。

時間をかけて計画を立て、商品やサービスを発売したのに、結果が出ていない。そうならないための PLMO の Measure「計測」について学びましょう。

まずは、結果を出すために現状とゴールへの距離を測ります。ゴールにどれくらい近づいているかを確認するには、マップの各ステップで決めた数値目標を計測すればわかります。各ステップの目標や役割に応じて、計測すべきポイントは異なります。

計測する前提条件として各ステップの役割、目的と振る舞いを決めておかねばなりません。まだ決めていないのであれば前章に戻って、決めておきましょう。

計測対象となる指標は頭が痛くなるぐらい数多く存在しますが、目標を達成したと判断できる指標を最低限計測すれば大丈夫です。

すべての結果を計測する必要はなく、目標達成に最も重要な部分に焦点を当てましょう。具体的には、どのようにして見込客を獲得し、リピーターやファンへと変えていくか、見込客の状態の変化を追跡します。要するに見込客と自社との関係が変化するポイントを計測するのです。

計測するツールは、Google Analytics が代表的です。しかし、触ったことのない方にはセットアップが複雑かもしれません。その場合、

第6章　お客様になるまでのステップを計測する「魔法のSTEP ③：Measure（計測）」

外部の方に設定を依頼するのも1つの手です。エクセルで計測した数値を入力して管理、分析するだけでも、洞察を得られるでしょう。

　できれば毎日、少なくとも週に一度は計測を行いたいものです。

　計測はあなたの愛するビジネスの健康チェックと変わらないからです。計測した数値は市場からのフィードバックです。どこに問題があるのか数値が教えてくれます。

　何度も言いますが、結果を出すための答えは社長の頭の中ではなく、市場の結果にあります。市場から得られた数値、データこそが、正確な意思決定を導いてくれるのです。

　この数値を早い段階で手に入れ、その数値を元に、どれだけ多くの打ち手を打てるかどうかが結果に左右します。計測を行うことで、結果に対する不足部分を特定し、最適化の手がかりをつかめるでしょう。

2　目的にもとづいて何を計測するか決めよう

行動を計測して成果を把握する

　効果を測定するためには、見込客がどのステップから次のステップに移動しているのか、つまり「行動」を計測します。

　最低限計測すべきポイントは、自社のことを知らない人が見込客から顧客になってリピーターからファンへと変化していく変換点です。

　見込客との関係性が変化するポイントを計測することで、マップ全体のパフォーマンスが把握できます。

　そしてゴールに対してどのステップが貢献していて、貢献していないのかを特定します。貢献しているポイントはさらに強化し、貢献していない部分を改善していくことがゴールへの近道です。

147

そのためにも、見込客がどのように行動し、各ステップを移動しているのかを把握しましょう。

まず、各ステップの目標を達成しているかどうかを計測していきます。

具体的には、ボタンのクリックや問い合わせフォームの送信、商品の購入など、見込客が起こす特定の振る舞いなどの計測です。

リアルの場合も同様です。各ステップの目標を達成させるための振る舞いを計測すれば、どのような振る舞いがゴールに貢献しているかを確認できます。

たとえば、クーポンを利用する、問い合わせする、来店する、購入するなどです。

一見複雑に思える計測作業も、各ステップで目標達成に関係するポイントだけに絞って計測すれば、より実践しやすくなるでしょう。

3　段階ごとの計測で無敵になる

ヒアリングだけでは足りない、お客様理解の限界

お客様のことを理解すれば理解するほど、求める結果を得やすくなるのは言うまでもありませんが、ここでお伝えすることに対して「ここまでしなくてはならないのか」と思うかもしれません。

事実、クライアント様に顧客についてヒアリングすると、顧客について答えられず、いつの間にか自分の商品やサービスの話になっているケースが多いのです。これは顧客のことを十分に理解できていない証拠です。

顧客をより深く理解するためには、ヒアリングに加えて、数値などのデータを用いて見込客が実際にどのような行動を取っているのかを把握します。これにより、より精度の高い最適化案を見出せま

第6章　お客様になるまでのステップを計測する「魔法の STEP ③：Measure（計測）」

す。

顧客を理解するための4つのレベル

　顧客を理解するためのデータは集める計測は、次の4つのレベルに分けて行います（図表 27）。最初からすべてを行う必要はありません。

　レベル①から徐々に進めていきましょう。

⑴計測レベル①

　マップ上の各ステップ間の移動を追跡し、見込客が顧客、リピーター、ファンへと変化するポイントを計測します。

⑵計測レベル②

　見込客を次のステップへ進ませるためのリンクのクリック、ページスクロールの深さ、ページに費やしている時間など、詳細な行動を計測します。

　店舗などの場合は、見込客がどの商品を手に取り、どれくらいの時間見ていたか、またはスタッフとの会話がどのタイミングで行われたかなどを観察することで、注目されている商品や接客の最適なタイミングを見極めることができます。

⑶計測レベル③

　計測レベル②をさらに推し進めて、動画の視聴時間やお問い合わせフォームの入力時間、複数あるボタンのどれがクリックされたかなど、特定の振る舞いを計測します。

　イベントの場合、参加者の 30% がその場で問い合わせを行っていれば、イベントのデモンストレーションや見込客のフォローアップがどのように購買欲に影響を与えたかを評価できます。

⑷計測レベル④

　データと結果の相関性を基に、どのステップや振る舞いがゴー

149

【図表27　計測レベルの概念図】

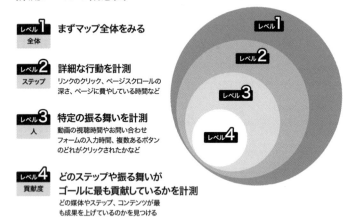

に最も貢献しているかを計測します。

どの媒体やステップ、コンテンツが最も成果を上げているのかを見つけましょう。

たとえばチラシを受け取った人とInstagram経由で来店した人、それぞれがどれだけ売上につながり、リピート購入に至るのかを計測します。

表面上はInstagram経由が効果的に見えても、チラシのほうが、購入やリピートに繋がりやすいことが計測でわかったなら、チラシに力を入れるという判断ができるのです。

計測レベル①だけでも効果的ですが、さらに精度を高めるために、計測レベル②〜(4)の計測を活用して顧客の行動を正確に把握できるようにしておきましょう。

第6章　お客様になるまでのステップを計測する「魔法のSTEP ③：Measure（計測）」

4　計測レベル①で全体把握、計測レベル②で深掘り！

計測レベル①

　計測の各計測レベルについて深掘りしていきましょう。計測レベル①では、マップ全体がうまくいっているかどうかを測定できます。

　最初に作成したマップは、必ずしもゴールへの正しい道筋を示しているわけではありません。実際に進めながら修正していくことで、正しい方向に調整されていきます。その道筋が間違っているかどうかは、計測を通じて初めてわかるわけです。

　各ステップが次のステップに見込客を順調に移動させているかどうか判断するために、ステップ間を計測します。計測のポイントは、各ステップに何人が訪れ、次のステップに何人が移動したかです。

　ステップの移動は見込客の状態変化と対応しています。あなたを知らなかった人が興味を持ってくれて見込客となったり、見込客が新規顧客になる状態変化のことを「コンバージョン」と言います。

　コンバージョン計測をしなければ、集客をしていないも同然です。それほど欠かせない指標です。マップ全体のどこにボトルネックがあるのかレベル１の計測で見つけていきましょう。

計測レベル②

　次に、計測レベル②です。計測レベル①ではマップ全体を計測してボトルネックを見つけましたが、計測レベル②ではボトルネックとなっているステップに焦点を当てて計測を行います。特定のステップが目標を達成していないことがわかれば、そのステップで何が起こっているのか、何が不足しているのか、改善点を見つけるための計測がこの計測レベル②の計測となります。

151

ステップ内のどこを計測するかは、ステップの役割や目標に基づいて決定します。具体的には、目標を達成するための振る舞いを計測するということです。

　Webページを計測する場合は、Google Analyticsなどのツールを使って、「スクロールの深さ」「クリックされているボタン」「ページ滞在時間」「動画の視聴時間」を計測しましょう。

　リアルの場合でも、Webページを店舗に置き換えれば、何を計測すべきかが見えてくるはずです。

　たとえば、店舗内の動線、商品が手に取られた回数、店内の滞在時間、店員との会話のような指標が考えられます。

　計測レベル②の計測の活用事例を紹介します。見込客を次のステップへ進めるために、Webページ上で「無料登録を促すボタン」と「問い合わせを促すボタン」を複数設置しました。どちらのボタンが売上に貢献したのか計測すると無料登録が多かったことがわかりました。しかし、売上につながっていないこともわかりました。

　最初に訪れたページに「無料登録を促すボタン」があると、無料という言葉につられ勢いで登録してしまう方も一定数います。もしかしたら、商品やサービスが見込客にとって唯一の解決策として信じてもらえていないのではないかという仮説を立てました。

　そこで、「無料登録を促すボタン」の近くに商品のメリットを紹介した動画を設置したところ、売上が上がったというようなケースもあります。

5　計測レベル③ どういった人が反応しているのか

数字の裏に隠れた「人」を見つけ出す

　計測レベル③では、計測レベル②をさらに推し進めて、「人」に

焦点を当てていきます。数値データだけに注目するとどうしても機械的になりがちですが、その背後には必ず「人」がいることを忘れてはなりません。その数値データをみて、人々をどれだけイメージできるかが、集客の成功を左右します。

計測レベル②では、行動に焦点を当てていました。たとえば、「動画を何秒見た人が購入した」という情報がわかれば、次に知るべきは「その人たちはどういった人なのか？」です。PLAN で設定した理想のお客様像に近いのか、それとも異なるのかを把握することで、集客や購入につながる深い洞察を得られます。

実際に計測してみると、理想のお客様象とは異なる人達が反応していることもあります。実際に反応してくれている人達のデータに合わせて施策を改善していきましょう。

たとえば同じメッセージでも、男性向けか、女性向けかで言葉づかいや色合い、デザインなど、伝え方のトーンやニュアンスは変わってきますよね。そうすることでマップ全体のパフォーマンスを上げることができます。

では、計測レベル③では何を計測すればよいのでしょうか？

計測レベル③で計測する指標は、年齢、性別、職業、居住地、家族構成、世帯所得、興味・関心、休日の過ごし方、生活スケジュール、価値観、好きな雑誌やメディアです。

これらは、集客の効果を高める重要な情報で、属性情報とも言います。どのような人々が最もビジネスの成果に貢献しているかを把握していきましょう。Google Analytics を使えば、次の項目を計測できます（図表28）。

しかし、価値観や生活スケジュールといった属性情報はツールだけでは把握が難しいでしょう。このような場合は、直接、見込客や顧客に対してインタビューやアンケートをとってみましょう。

153

【図表 28　GA4 での計測】

GA4での計測

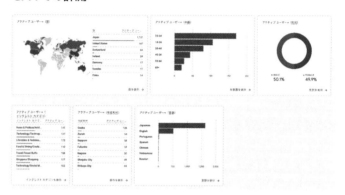

年齢、性別、地域情報（国、都道府県、市区町村）、言語、インタレストカテゴリ（興味・関心）など
さまざまなデータが確認できる

　SNSなどでアンケートに答えてくれた人にギフトカードやクーポンを渡すキャンペーンを目にしたことがあるかもしれません。そこまでしてでも見込客の情報が欲しいのです。

　アンケートは、集客に必要な情報を効率的に収集できる万能ツールなので積極的に活用してください。Googleフォームなどのツールを使えば、無料で簡単にアンケートを作成できます（図表29）。

　購入者に年齢や性別などの属性に加えて、次の質問をすることで購入に繋がったコンテンツなどの有用な情報が得られます。

・どの動画を視聴したのか？
・購入の決め手となったコンテンツは何か？

　これらのシンプルな質問で購入につながった動画などのコンテンツと、購入者の属性を紐づけることができるため、結果につながるコンテンツや購入者に特化した効果実証済みの集客施策を打てるよ

【図表29　Googleフォーム】

NASHUKAが実際にリサーチで使っているGoogleフォーム

参考：https://www.google.com/intl/ja_jp/forms/about/

うになるでしょう。

　計測レベル③の計測で、極力、結果につながらない冷やかし客への無駄なアプローチを減らし、少ないリソースでも結果を出せるようにしていきましょう。

6　一番貢献している媒体を見つける

効果を最大化するために、何に注力すべきか？

　マップのすべてのステップがゴール到達に対し、同じ重要性を持っているわけではありません。最も効果を発揮しているのはどこかを見極め、そこにリソースを集中させることが重要です。

　計測レベル④の計測では、ゴールに最も貢献している最初のス

テップはどこかを計測します。たとえば、見込客との最初の接点となりうる Google 検索、広告、チラシ、SNS など、どの媒体が集客、購入に最も貢献しているかを見つけていきます。

媒体ごとに集客がどれくらいか、売上はどれくらいかを計測しましょう。たとえば一番の売上が Instagram 広告経由ということがわかれば、Instagram 広告に集中すればよいのです。労力をかけて成果が出ていない部分を改善するよりも、すでに成果が出ている部分を強化するほうがはるかに容易です。

最も効果的な媒体を特定する方法の 1 つに「80:20 の法則（パレートの法則）」があります。この法則は、売上の 80% は上位 20% の施策から生まれるとする法則です。この原則に基づいてリソースを配分することで、効率的な成長が期待できます。

計測は難しく感じるかもしれませんが、無駄な広告や成果に結びつかないチラシ、効果のない Web ページに時間やお金を費やさずに済みます。

まず計測レベル①の計測から始め、ゴールに近づいているかどうか数値ベースで判断してみましょう。計測を行わないままでは、何が成功し、何が失敗しているのか判断できないため、ゴールの到達に計測は避けて通れません。また次の章で解説する最適化もできません。最適化の最低条件は計測ができていることだからです。

計測を継続することで、施策ごとの ROI（投資対効果）を正確に把握できるようになります。

これにより、限られたリソースを最大限に活用し、より確実にゴールへと近づくことができます。

計測レベル 1 の計測まででもかまいません。計測ができたら、PLMO の Optimize「最適化」に進みましょう。

第7章

本番はここから。
最適化こそ成功の道
「魔法のSTEP④：
Optimize（最適化）」
と活用事例

1 計画通りに進んでいる？ それとも見直しが必要か？

最適化とは

ここまで計画、販売、計測と進めてきましたが、実はこのすべてが「最適化」のための準備に過ぎません。

最適化を怠ると、北海道を目指していたのに沖縄に向かっていたというように、ゴールへの道筋から大きく逸れてしまうことになります。実際にそのような企業を何度も見てきました。

最適化は単なる調整ではなく、軌道修正や、場合によってはもっと効率的な手段に切り替えることのできる最終兵器なのです。

最適化とは、これまでの計測データを活用し、各ステップ（コンバージョンポイント、ランディングページ、広告など）を改善することです。

いわば「勝ちパターン」を見つけ出すプロセスです。ゴールと各ステップの目標を再確認し、現状のデータとの乖離を埋めていきましょう。

市場の変化をデータで察知する

市場は自己満足や承認欲求に基づいたエゴ的なアプローチを嫌います。これを避けるために Google Analytics などを活用して集めた市場のデータに基づいて最適化を行えるようにします。

市場は常に変化しています。たとえば、子どもたちが口ずさんでいる流行の曲が週ごとに変わるように、ビジネス市場もスピーディーに変化します。今、うまくいっていたとしても市場が変化すれば、一夜にして結果が出なくなることなんてざらにあります。

158

第7章　本番はここから。最適化こそ成功の道「魔法のSTEP④ Optimize（最適化）」と活用事例

　そのため、データを絶えず計測し、少しの変化も見逃さないようにしなくてはなりません。実際のデータは、表面的な意見や専門家気取りのアドバイスよりも信頼できるものです。データに基づいて状況を分析し、迅速に意思決定を行い、最適化を続けることを止めない限り、成果を最大限に引き出せるでしょう。

2　撤退する期間を決める

続けるべきか、撤退すべきか？

　「やめない限り失敗はない」とはいえ、実際どれくらい続ければよいのか悩みどころです。もし情熱を持ち続けられるのであれば、成功するまで取り組み続けることもできるでしょう。

　ですが、限界があるのが現実です。特に広告や外部委託を使っている場合、リソースが尽きてしまうリスクがあります。

　豊富な資金があれば別ですが、限られた時間と予算を効果的に活用するためにも、撤退する期間は3か月が適しています。この3か月というのは「Launch」後、最適化のフェーズに入ってからの期間です。これを踏まえると、PLMO(設計、販売、計測、最適化)のプロセス全体をこなすには、半年程度がかかります。

　もちろん、販売直後に結果が見えることもありますが、最初から予想通りの成果が得られることは稀です。一夜にして売上が上がり大成功とはいきません。結果が出るにはやはり一定の期間が必要です。しかし、期待通りの成果が得られなかったとしても、すぐに諦めてしまうのは早計です。

　行き当たりばったりだと計画も何もないため何から最適化をしていいかわからなくなります。

　しかし、ここまで設計・販売・計測という段階を踏んでいるので

あれば、最大の成果が得られる最適化のポイントが見つけられる状態になっているはずです。

費用対効果を最大にする最適化

あるクライアントは SNS 広告を使って集客を開始し、当初はメールアドレスの獲得件数は 0 件でしたが、最適化を繰り返すことで数か月後には 100 件以上の登録を獲得できるようになりました。

メールアドレスの獲得費用相場は 1 件あたり 2,000 円以上でしたが、最適化により 200 円という低コストで獲得できるようになりました。

広告費は月 2 万円で、100 件の登録のうち 5 人が 5 万円のサービスを購入してくれたのです。広告費 2 万円に対して 25 万円の売上を得たことになり、費用対効果としては 10 倍以上という結果です。あなたの情熱や資金によって最適化の期間を最低 3 か月から半年、1 年なのか決めていけばよいでしょう。

3　最低 3 か月は情報を集めよう

短期間での判断は危険、3 か月分のデータが必要な理由

なぜ「3 か月」なのか？　それは、改善点を特定するための必要な情報を最低限集められる期間だからです。1 週間や 2 週間といった短期間ではデータが偏りやすく、誤った判断に繋がりかねません。

たとえば、キャンペーンを始めて 1 週間で 10 人がサイトに訪れたとして、購入者が 0 人だったとしましょう。10 人中誰も購入しないと「失敗」と早計に判断しがちですが、11 人目が購入したなら、購入率は約 9％に達します。

つまり、少ないサンプルでは結果を正確に判断できないのです。

統計的に意味のあるデータを得るには、最低でも 100 人、できれば 3 か月間で 1000 人ほどのデータが必要です。集めるべきデータに関しては前の章で解説しています。

ゴールに関係するデータを計測できていれば、適切なタイミングで改善を進めることが可能です。成長スピードが早い企業ほど、少なくとも月に 1 回はマップ全体を見直し、最適化を進めているといわれています。

ただし、市場や戦略によって適切な最適化の頻度は異なります。

たとえば、データの変動が大きい業界や広告運用などは週単位での最適化が必要ですが、ある程度安定したビジネスモデルでは、月に 1 回の見直しでも十分な場合があります。重要なのは、感覚ではなく、データに基づいて最適なペースで最適化を進めることです。

それでも成果が見込めなさそうな場合、次の原因が考えられます。
・データや市場を無視して、感覚で判断している
・アプローチの方法が適切でない
・改善すべきポイントを間違えている
・目標が非現実的である

最適化を重ねても成果が出ない場合は、一旦立ち止まって、専門家のアドバイスを受けるか、計画自体を見直すのも 1 つの方法です。

4 ゴールに一番近いところから最適化する

最初に手をつけるべきはここ！成果に直結する最適化ポイント

最適化ではまず一番ゴールに近い場所から手を入れていきます。購入や登録といったマップ内の最終ステップのことです。その後、ランディングページや広告といった見込客との最初の接点に焦点を移していきます。

多くの人は広告やランディングページから手を付けてしまいがちですが、最も大切なのは、ゴールに近いステップです。売上をあげるというゴールであれば、多くの場合「購入」のステップがそれにあたります。ネットであれば決済ページ、リアルであればセールスになるでしょう。

いくら見込客が集まっても、セールスがうまくいかなければ売上には結びつきません。ここがうまくいっていないと、どんなに広告を最適化して見込客を集めても、結局は「穴の開いたバケツ」状態になり、売上につながりません。

マップの最初のステップとなる、見込客との接点を改善したとしても、単純に2倍の見込客が得られ、売上も2倍になるというわけではないということです。

ですから、最初のステップの調整は、ゴールに近い後ろのステップにも少なからず影響を与えるため、慎重に行う必要があります。

最小の労力で最大の成果を得るためにも、ゴールに直接影響するポイントから最適化しましょう。そして、SNSや広告など調整は、最後に行うのです。マップが手元にあり、全体像を把握できる状態だからこそ、気づける落とし穴です。

ゴールに近いステップで確認すべきポイント

たとえば、決済ページなどゴールに近いステップに訪れた見込客が一定数いる場合、業種によりますが10%〜12%の成約率が目安です。これよりも低い場合は、次の点を見直します。

・注文フォームがわかりにくくないか
・スマホ対応ができているか
・訪問者が購入の意図を明確に理解できているか
・購入ボタンの近くに価格情報が明示されているか（購入意欲を持っ

てもらうための十分な情報があるか）

ゴールに対して売上が満たない場合は、次のことも試してみてください。マップ全体を見て、購入直後にバージョンアップ商品を提案するステップを加えることができないか？

他にも、サービスや商品の購入意欲をさらに引き上げるための施策はないか？

購入時におすすめできる追加商品はないか？

マップ全体を俯瞰して、ゴールに直結する部分から優先的に最適化すれば最短で成果は出るでしょう。

5　テスト！　テスト！　テスト！

大企業だけじゃない！テストで成長する秘訣

最適化するポイントが決まったら、施策を実行に移しましょう。データ分析に基づいた施策とはいえ、実際に行動してみるまではその効果の保証はありません。

特に中小企業においては、施策に対して、いきなり大きな投資をするのは避け、まずは小さくテストしていきましょう。導き出した施策が正しいかどうか「小さく試して、大きく学ぶ」ことで、取り返しのつかない失敗を避けられます。

ここで、テストで大きな成果を得た事例を紹介します。

海外の選挙活動はマーケティング業者が支援していることが多く、かのオバマ元大統領も選挙の際に寄付を集めるためのランディングページでテストを繰り返し、寄付金を5700万ドル増加させました。皆さんがよく利用しているAmazonなどの企業も、このようなテストを繰り返し行うことで、売上を維持・拡大しています。

注意深く見ていると、「あ、これテスト中だな」と気づくほど、

頻繁にテストを行っています。たとえば、ボタンの色やページのレイアウトが頻繁に変わることがありますが、これはテストが売上などに大きな影響を与えるからに他なりません。誤解しないで欲しいのは、大企業だからテストをしているのではなく、このようなテスト文化があったからこそ企業が成長したという点です。

テストと最適化はセットです。テストなしで最適化はできません。それでは具体的にどのようにテストを進めるのか、その手法を見ていきましょう。

シンプルにテストする

新しい施策を試す際には、既存の施策と並行して実行することで、どれだけ成果が出ているか把握できます。たとえば、ウェブページのキャッチコピーを「既存のバージョン」と「新しいバージョン」で比較し、どちらがより成果につながるかを確認するのです。

その際に活用できるのが A/B テストです。A/B テストでは、2 種類のページを同時期に公開し、訪問者をランダムに振り分けることで、異なるパターンのウェブページの成果を比較します。同時期にテストを行うことにより、市場の変化に左右されることなく、テストの結果を確認できます。

一方で限られた期間に実施されるキャンペーンのように同時期にテストができない場合は、期間を分けて比較する「期間比較」を行うこともあります。

ただし、期間比較では、2 週間後には市場の状況が変わっている場合もあるため、A/B テストほどの精度は得られません。

基本的にテストは、設定した数値目標をクリアするまで繰り返すものです。テストのメリットは、数値ベースでよいか悪いかが判断できることで、意思決定が早くなることです。「行き当たりばったり」

第7章　本番はここから。最適化こそ成功の道「魔法の STEP ④ Optimize（最適化）」と活用事例

ではなく「意図をもった」施策を実行できるのです。

　頻繁にテストを行うことで、得られた結果が、単なるデータから「知識・経験」となり、ビジネス全体の成長も加速するでしょう。

　テストを重ねて最適化を進め、結果を次の施策に活かす。この積み重ねが、企業の成長を支える知的資産となり、今後のビジネス展開においても大きな武器になるのです。

6　最適化の手順

ゴールに直結させる最適化

　最適化の手順について、重要ポイントを押さえながら確認していきましょう。

(1)マップのゴールに一番近い目標に達成していないステップを特定します。

(2)特定したステップが持つ「役割」「目標」「振る舞い」を見直し、次の質問に答えましょう。

・どうすればこの目標が達成するか？

・目標はそもそも妥当か？

・目標を達成していないのはなぜか？

・最適化するために何か足りないものはないだろうか？

・このステップをテコ入れせずとも他のステップを最適化するだけで目標は達成しないか？

(3)特定したステップを3つの要素に細分化し、それぞれが目的に向けて効果的に働いているか確認します。3つの要素とは、コンテンツ、メッセージ、お客様になるまでの流れです（図表 30）。

　お客様になるまでの流れについて少し解説します。メッセージや動画の印象は、順番や、すでに与えている事前情報によって天と地

165

【図表30 3つの要素の解説】

ほど変わります。見込客がどの状態にいるのか、どんな情報をどんな順番で与えればステップ内の目標を達成するのかを考え、テスト項目を決めていきます。

コンテンツ、メッセージ、お客様になるまでの流れ、3つの要素それぞれに対して次の質問をしてみましょう。

役割、目標、振る舞いをサポートしていますか?

(4)テスト項目を1つに絞る

もしかしたらここまでの過程を踏んで、テスト項目がいっぱいでてきているのではないでしょうか。

しかし目標を達成させるためのテスト項目は1つに絞るのが肝心です。

なぜならテスト項目を複数にすると効果測定が複雑になり、さらにはどれが成功要因か判断がつきにくくなるためです。

第7章　本番はここから。最適化こそ成功の道「魔法のSTEP ④ Optimize（最適化）」と活用事例

(5)テストを計画する

　テスト項目が決まったら、実施する前に計画をしましょう。そもそも何のためにテストをするのか？　期待する結果は何か？　指標は？　目標数値は？　テストを完了させるための必要となる作業は？　いつまでに終えるのか？　誰がテストを実施するのか？など決めてから実施しましょう。

　ここでの計画はテスト後の評価に使います。

(6)テストを実施し評価する（図表31、32）

　現行の施策とテストのために用意した新しい施策を並行して走らせます。1週間から2週間ほどデータを集め、結果を評価します。新しい施策のほうが目標数値に近づいていることがわかれば、次は新しい施策を現行の施策とし、別の新しい施策を用意します。このサイクルを繰り返すことで、徐々に目標数値に近づけていきます。

　一方で、テストのために用意した施策が現行の施策よりも悪い場合は、そのテスト施策は中止するか、別の施策を用意します。

　なお、ネットではこのテストプロセスを実行できるA/Bテストツールが多数あります。GoogleでA／Bテストツールと検索し、まずは無料プランが提供されているものから試すとよいでしょう。

　ITツール全般に言えることですが、A/Bテストツールも入れ替わりが激しく、特定のツールを推奨するのは難しいので本書での紹介は控えます。

　テストを実施する際にマップの各ステップでどのような質問をし、どのポイントをテストするべきか判断できるよう、分析用の質問リスト、最適化の指標一覧（参考情報）、そしてテスト計画実施シートなどを用意しました。

　ぜひ、ご活用いただき成果を出していただけたら幸いです。各種リソースのダウンロードは巻末の著者略歴から行えます。

167

【図表31　テストのプロセス図】
テストを実施し、評価する

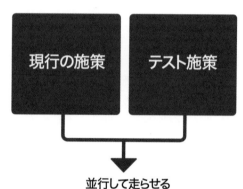

並行して走らせる
1~2週間データを集め、目標数値に近づく施策を採用する

【図表32　テスト施策が悪かった場合の対応】

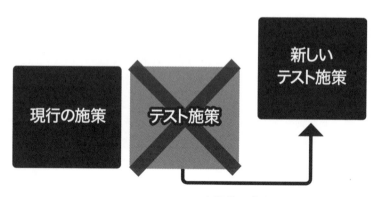

テスト施策は中止にするか
別の施策を用意する

第 7 章　本番はここから。最適化こそ成功の道「魔法の STEP ④ Optimize（最適化）」と活用事例

7　最適化に終わりはない！　常に目標を意識し、それに向かって進んでいくだけ

ビジネス資産としての最適化：次の一手に活かす知恵

　最適化は、費用対効果を最大化し、成果を持続的に高めることができます。そのために必要なのは、データの収集と分析、そしてたくさんのテストを重ねていくことです。

　また、最適化は一度きりではなく、長期的な事業の成長を支える文化として社内に根づかせるべきです。なぜなら積み重ねられた最適化の経験やテスト結果は、ビジネスの大切な知的資産となります。

　知的財産があれば、次の施策を 0 から始めるのではなく、より失敗確率の少ないスタートが切れるのです。

　最適化で得た成果は社内で共有し、別のキャンペーンに応用していくことで、さらなるレバレッジが期待できます。最適化のプロセスはどうしても数字を追うことになりますので、忘れてしまいがちですが、数字の先に見込客や顧客がいることを忘れてはいけません。

　数字の背後にいる見込客や顧客を常に意識し、彼らにとって自社の商品やサービスが唯一の解決策だと信じてもらうにはどうしたらよいか、問い続けることが大切です。

最適化のポイント

　最適化のコツは一からすべてを変えようとするのではなく、既に存在しているものの中から「少しの手直しで大きな効果が得られる」レバレッジポイントを見つけ、そこから手をつけていくことです。

　そのためにはマップ全体を俯瞰し、真の問題を見極め、その問題に鷹の目と蟻の目を使い分けてフォーカスすることが肝心です。

169

こうして導かれた答えこそが、あなたにとって最適な解決策です。

　毎回の勉強会などでも言っていますが、行動しなければ何も変わりません。

　最適化とは、「完璧な状態を目指すこと」ではなく、「少しでもよい状態に近づけること」の積み重ねです。小さな変化がやがて大きな結果を生むことを忘れずに、今できることから取り組みましょう。

　最も重要なのは「何かを立ち上げて動かすこと」です。動きながら考え、学び、改善する。このプロセスを繰り返し、試行錯誤の中で最も効果的な方法を見つけ出すことが、成長の鍵となります。

　また、変化のスピードが速い市場では柔軟性が求められます。完璧を求めすぎず、迅速に実行しながら最適化を進めることで、競争優位性を確立できます。

　自社の素晴らしい商品、サービスを1人でも多くの方に届け、幸せを拡散し、よりよい日本にしていきましょう！　最後までお付き合いただきありがとうございます。

8　PLMOで再起を果たしたB2B　A社の事例

　ある日、年商2〜3億円で従業員10名ほどのBtoB企業のA社から相談が舞い込みました。数年間、売上は横ばいのまま。利益はほぼゼロに近く、ギリギリの状態で運営されていました。

　新規顧客を獲得する仕組みもなく、既存のお客様からのリピートが唯一の収益源。円安の影響で海外取引が厳しくなり、ついには従業員の給料支払資金の都合のために銀行へ融資の相談に行くことに。

　しかし、業績悪化の中での資金調達は困難を極めました。社長は焦りながら、新たな収益の柱をつくるために動き始めたとき、短期

第7章 本番はここから。最適化こそ成功の道「魔法の STEP ④ Optimize（最適化）」と活用事例

間で市場に適応できる手法として PLMO を知ることになったのです。

挑戦の始まり（Plan）

限られた時間と資金の中で、次の計画を立てました。

- 新規事業の年間売上 1,200 万円以上
- 利益率 50% 以上の収益モデルを確立
- 市場調査と課題の特定
- 会社の現状と目標のギャップを分析
- 既存顧客リストから新規事業の可能性を探る
- 想定した課題と市場の実態のズレを確認

社長は調査を通じて、「自分たちが考えていたものと市場の現実は違う」と痛感。 データを基に、市場にフィットするビジネスを構築することを決意しました。

初めての市場テスト（Launch）

調査結果をもとに、資金もないので最小限のリソースでテストマーケティングを開始。 広告、LP、メール、動画を活用し、効率的に顧客と接点を持ちました。しかし、思うように結果は出ませんでした。広告への反応はあっても商談につながらず、売上には直結しませんでした。「やっぱり甘くないのか……」不安と焦りが募る中、次のステップ「計測 (Measure)」へ進みました。

挫折と学び（Measure & Optimize）問題の特定

広告から LP への流入はあるが、商談予約のコンバージョンが低い。データ分析の結果、商談予約ページでの離脱率が異常に高いことが判明しました。

171

仮説と改善

- 広告とLPのメッセージを統一
- 商談予約の流れをシンプルに最適化

　修正後、商談予約は増えたものの、新たな壁が。「商談でクロージングができない」。さらなる最適化

- トークスクリプトの改善
- 商談前に顧客に響くコンテンツを提供し購買欲求を高める
- データをもとに改善を繰り返す！

　上記の改善を図ったところ、商談成約率が大幅に向上！ 売上が伸び始め、状況が好転しました。

　計測と最適化を繰り返した成果は、次のとおりです。

- 立ち上げから3か月で初の売上。
- 半年で安定した収益基盤を確立。
- 1年後には目標売上を突破。
- 利益率50%超を実現。

　よい結果を出せたのは、計測データを基に次の施策を立て、素早く行動し続けたからです。このスピード感が、競合を突き放す大きな要因になりました。サービスや商品の差別化だけでなく、大企業にはない中小企業の実行力とスピード感も、強力な競争優位性です。

なぜ利益率が高いのか？

　A社が取り扱っているサービスは他社には難しいものの、A社では容易に提供可能であり、顧客も市場も強く求めていたものでした。さらに、顧客の課題に合致していたため高価格設定が可能でした。

　「競合会社が簡単に真似できないけど、市場には求めている」として付加価値を持たせることで、利益率を大幅に向上させたのです。

　今回の事例のように高い利益率を実現できたことは素晴らしいで

す。しかし、PLMOは利益の最大化にとどまらず、企業の持続的成長を支える仕組みです。獲得した新規顧客は企業の重要な資産。また、最適化された仕組みにより生まれた時間を活用し、さらなる成長につなげられます。たとえば、既存顧客へのサービスを強化し、生涯顧客価値を向上させる、新サービスを展開し、新規顧客を獲得するなど、事業の拡大と安定を実現できるのです。

PLMO が生み出した変化

A社のPLMO活用のポイントは、次のとおりです。
①市場の声を根気強く聞き、戦略を最適化
②テストマーケティングで失敗を最小限に抑える
③データを活用し、成長の仕組みを確立

この成功を機に、社長は既存事業にもPLMOを適用。

• リピート率の向上
• 価格設定の見直し
• 新規集客の強化

その結果、既存事業の利益率も向上し、会社全体が成長フェーズへ突入しました。行動し続けることが成功を引き寄せる。

A社の場合は、「勝ちパターンは一度ではつくれない」ということでした。

しかし、計測と最適化を繰り返せば、確実に成功へと近づくことができます。

PLMOは、新規事業の立ち上げだけでなく、既存事業の改善にも活用できる「成長の仕組み」なのです。

「今のやり方で本当に大丈夫か？」そんな不安があるなら、一度PLMOを試してみてはいかがですか？　それが、次の成長への第一歩になるかもしれません。

あとがき

　現代のマーケティングサポート市場では、「結果を出すことにコミットしない」似非専門家や業者が少なくありません。だからこそ、ビジネスの根幹を担うマーケティングは、彼らに頼らなくても自社でマーケティング、集客ができるようになるべきです。そのほうが、求める結果が得られ、あなたのビジネスがもっとよくなります。

　実際に弊社も営業分野の専門家や業者に依頼したことがありますが、費用ばかりがかさみ、結果が伴わないといった経験から、自社だけでもできることの重要性を痛感しました。

　この他にも、ただつくるだけの業者、足元を見た請求をする業者、報告もない不透明なサービスをする業者などを見てきました。広告をバンバン出している大きな企業でさえ、このようなレベルだったのです。

　ただでさえ小さな会社は売上があがらない、人材もいない、集客もできないと苦戦しているのに、そこで頼った専門家や業者がこんな状況だとよくなるわけもありません。

　これには、SNSの使い方やマーケティングの小手先テクニックではなく本書で紹介しているような集客、マーケティングの本質を発注者側が最低限抑えておくことで、逆に専門家や、業者をコントロールできる立場になることが解決策の1つだと思います。小さな会社でもマーケティングを文化にし、専門家や業者をコントロールできるようになるための本を書こう！　と思い筆をとった次第です。

　本書で紹介しているマーケティングのフレームワーク、「PLMO」を活用していただければ自社で最低限のマーケティング戦略をたてられるはずです。自分達の商品、サービス、お客様のことを一番知っているのはあなた自身です。

お客様を知らない専門家に重要なマーケティング戦略など丸投げしてうまくいくことはありません。マーケティングを丸投げするのではなく、自分達でマーケティング戦略を立て、業者にはその実行サポートを委託する形で手綱を握ることで、より大きな結果を得られることでしょう。

　経営者がマーケティングに割ける時間には限りがあります。専門家が甘い言葉でおすすめしてくるツールや小手先だけのテクニックに振り回されないように気をつけてください。

　またネット販売は魔法ではありません。実際、リアルで売れないものはネットでも売れません。無計画であっても、勢いや人柄、雰囲気で売ることのできるリアルとは異なり、ネットはその分、詳細な計画と継続的な最適化が重要です。最適化 (Optimize) をするためには、計測 (Measure)、計測するためには構築 (Launch)、構築するためには計画 (PLAN) が必要となり1つでも欠けたら PLMO は成り立ちません。

　そしてそれらのすべてがあなたの情熱、ビジョンやミッションに支えられているのであれば、間違いなく結果がでるはずです。

Be Marketer For World ！

NASHUKA チーフデジタルビジネスアーキテクト　舩守　千博

【各種リソースのダウンロード先】

https://bit.ly/plmo2025

著者略歴

舩守　千博（ふなもり　かずひろ）

1982年生まれ（42歳）埼玉県出身。
NASHUKA合同会社 創設者。バーチャルチームで海外、全国各地の企業に下請けや外注という立場ではなく、クライアントのチーム、一員として結果にコミットしたパフォーマンスベースのデジタルマーケティングの仕組みの導入支援をしている。
クライアント継続率：90％
クライアント平均継続間：2年2か月以上
効果実証済みの仕組み：103種類以上
会社員時代はシステムエンジニアとして自治体のインフラシステムのプロジェクトマネジメント、設計、構築、運用まで担当。あまりにも子どもたちとの時間がとれなかったため、人生で一度きりの瞬間を見逃さないように自宅起業を決意。
ビジネスに不足している知識、経験、スキルはコンサル費用、高級車一台分の自己投資でカバー。
そのおかげか、法人と比べて信頼が得づらいと言われるフリーランスでも企業と8桁の契約を頂き、自己投資費用を回収。その方法を分析し、売れる商品、サービスと情熱がある方なら誰でも応用ができるマーケティングメソッドとを確立。これを機にNASHUKA合同会社として法人化。

小さな会社の新・集客戦略ガイド
～成果を出している企業がやっている魔法の4ステップPLMO（ブルーモ）

2025年3月31日 初版発行

著　者	舩守　千博	© Kazuhiro Funamori
発行人	森　　忠順	
発行所	株式会社 セルバ出版	

〒113-0034
東京都文京区湯島1丁目12番6号 高関ビル5B
☎ 03 (5812) 1178　　FAX 03 (5812) 1188
https://seluba.co.jp/

発　売　株式会社 三省堂書店／創英社
〒101-0051
東京都千代田区神田神保町1丁目1番地
☎ 03 (3291) 2295　　FAX 03 (3292) 7687

印刷・製本　株式会社 丸井工文社

●乱丁・落丁の場合はお取り替えいたします。著作権法により無断転載、複製は禁止されています。
●本書の内容に関する質問はFAXでお願いします。

Printed in JAPAN
ISBN978-4-86367-949-8